ちくま新書

現場主義の知的生産法

関 満博
Seki Mitsuhiro

340

現場主義の知的生産法【目次】

序 なぜ現場なのか

墨田区の中小企業。現場には常に発見がある。

IT（情報技術）により情報収集の仕方が大幅に変わり、瞬時にパソコンを動かす若い人たちを見ていると、ワープロ止まりの私は、羨ましい限りと立ちすくんでしまう。たまたま、大量に雑文を書き散らし始めたころにワープロが登場し、最大限利用させてもらった「ワープロ第一世代」を自認する私は、十数年のワープロ成功体験が強すぎ、また年齢も上がり、新しい情報機器にはついていけず、オタオタしている。暇さえあれば私だって、と思いながらもなかなか踏み込む時間もない。そのうちやるから見ていろと、歯ぎしりを重ねる毎日である。

逆に、彼らはあれだけ巧く情報機器を駆使できるのだから、「現場」と交流を深めていけば、さらに良い仕事になるのでは、と思うのだが、なぜかそうはいかない。情報機器の便利さに取り込まれ、それだけで十分、と思っているのだろうか。また、「現場」などの面倒なことには関わる気にもならないのかもしれない。

バブルのころに話題になったことだが、ある著名なシンクタンクの報告書の中に、発注先の地名とは別の地域の地名が散見されるという問題が生じた。別の地域の仕事の報告書の地名だけを入れ替えた際に見落としたのではないかというのであった。真偽のほどはわからぬが、情報技術が進めば、当然、そうした不届きなことも起こりうる。

また、首都圏のある私立大学で卒論をいったんワープロにしたが、その後、手書きに戻したことが評判になった。一つの論文の章を並べ替えたり、いくつかを組み合わせたりで幾通りも作成可能になる。昨今の事情であれば、複製はしごく簡単にできることになろう。手書きに戻した大学は、手書きであれば、他人の作品を写すだけでも、それなりの労力はいるという判断であった。

このような不届きなことは言語道断だが、「情報社会は複製社会」と納得すれば、そうしたことは十分に起こりうることがわかる。

「現場主義」とは、こうした流れとは大きく一線を画することになる。「現場主義とは自分で実感すること、自分の言葉で表現すること」を意味する。実は、私は自分のゼミの学生に対しては「卒論は書きたい人だけ書いて欲しい、その場合は個別に指導する」と言っている。その代わり、ゼミ生全員、毎年夏の一週間ほどの「現場」合宿に参加し、「現場」ヒアリングをベースに、全員で分担しながら、卒論代わりの一冊のかなり大部な『報告書』を書くことを義務づけている。「地域産業論」を主たるテーマとする私のゼミの学生は、普段でも「現場」調査があるため、二年間で四〇〇字詰原稿用紙ほぼ二〇〇〜三〇〇枚を自分の言葉で書かざるをえない。ゼミ生たちは「卒論の分割払い」と言っている。これはたいへんな作業だが、ゼミの二年間「現場」に出入りし、レポートを書き続けると、かなりのレベルに達することが実感される。今や「現場」にしか創造性を刺激するステージがないのかもしれない。

1　発見がなくてはやる気が起きない

なぜ「現場」なのか。それは「新たな発見がある」ということにつきる。私自身、このことを痛感したのは、東京都商工指導所に勤務して中小企業の経営指導員をしていた二七～二八歳の駆け出しのころであった。当時、東京の武蔵村山市周辺に拡がる「村山織物業」の担当者として、連日、織物業者を訪問し、ヒアリング調査を実施していた。村山は「村山大島紬」の単一製品産地であり、加工機能は昔から、ある一定のものしかなく、全体のベクトルは産地組合に統合されていると、産地の関係者は口を揃えて語っていた。

そんなある日、帰り際にバスを待っていると、「私はよそから嫁に来たものだから機《はた》が織れなくて、辛い思いをしました」と高齢の婦人が話しかけてきた。当時の話をいろいろうかがっていると、「ほら、そこの家は、元は機屋、あそこも機屋」と指を差し、「あそこは撚屋《よりや》さんだったのよ」と言うのであった。産地の関係者のあいだでは、撚屋は無いことになっていた。「糸を撚る撚屋があったのですか」という私の問いに、婦人は産地の当時の複雑な事情を語ってくれたのであった。それは、「現場」に通い詰め、さらに、「現場」の周辺の多様な人びとと接触しなければ、本当のところはほとんどわからないということを私に深く実感させたのであった。以来四半世紀、私は地域産業の「現場」に明け暮れてきたが、この実感は全く変わらない。

†汗をかくことの意味

東京の墨田区といえば、日本の代表的な「中小企業の街」として知られている。わずか一三・八平方キロの土地にかつては一万に近い中小工場が集積していた。この墨田区は早い時期から「わが街は中小企業の街」と意識し、中小企業振興を区の政策の重要な部分に位置づけてきた。全国の区市町村レベルでは最も早い一九七九年に「中小企業振興基本条例」を制定している。

どうして、墨田区でこのような先進的な取り組みを進めることができたのか。それは、いまでは語り種になっているが、地元中小企業が減少し始めた七〇年代中ごろ、危機感をおぼえた区役所が、当時の約九〇〇〇の中小工場全体に対し、部署に関係なく、中堅職員約二〇〇人で手分けし、真夏の時期に全数のヒアリング調査を実施したことから始まる。かなり部厚な調査票を手にし、職員一人当たり約五〇工場を訪問したのである。私もその

墨田区の中小企業

調査票を見ているが、記入には最低でも二時間はかかる。炎天下に汗をかき、一軒一軒、どぶ板を踏みながら、中堅職員が調査を重ねたのであった。ほぼ二カ月かかったという。

このデータは貴重なものであり、その後の墨田区の産業政策の基礎となっていった。だが、それ以上に重要であったのは、汗をかいて現場を訪れた中堅の職員たちが、「自分たちが何によってメシを食わせてもらっているのか、これから自分たちは何をしなければならないかを深く実感したことだ」とされている。

以後、墨田区の産業振興政策は一気に突き進んでいく。その概要は、前著『地域経済と中小企業』（ちくま新書、一九九五年）に紹介してあるので多くは述べないが、全国の区市町村に先駆ける興味深い政策を次々と実施していったのであった。

私のところにはたびたび、全国の市町村から「産業振興政策を実施したいから、指導して欲しい」という要請が来る。その場合、この墨田区の全数調査の話をし、まず「地元企業を全部自分の足で回ることから始めなさい。何をすべきかわかりますよ」と指導している。地域を預かる市町村の職員は、空調の効いた庁舎にのんびりと座っているべきではなく、「現場」に踏み込み、自分のやるべきことを深く実感するところから始めなくてはならないのである。

†自分の仕事に「世界性」を見いだす

その墨田区でこの十数年、私は産業振興専門員という地方自治法上の非常勤職に就いている。この仕事の中で毎年、年度当初必ず行っていることがある。それは、新たに異動してきた職員に対するレクチャーである。その際、必ず伝えることがある。

「異動されてきた皆さんは、非常に幸せな立場にある。この墨田区には世界的なテーマがいくつも転がっている。例えば、墨田区は大田区、東大阪市と並んで、日本最大の都市型工業集積を形成しており、これと真正面から付き合えることはまことに幸せといわざるをえない。さらに、先輩たちが切り開いた地域産業政策上の蓄積がある。これもまさに世界的なものである。それを受け継ぎ、さらに発展させていって欲しい。そのためには、まず自分の足で稼ぎ、自分の目で見ることだ。週に一日ぐらいは庁舎を出て、『現場』を訪問しなさい。地元の中小企業経営者と仲良くなることが何よりだ」と。

「目的意識を持て」と、若い社会人や学生にハッパをかけることも多いが、ボーッと過ごしてきた若者たちに言葉で後押ししても、なかなか思うようにいかない。要は「現場」で自分で感じるしか手はないのである。「現場」には常に最先端がある。最先端に取りつくことは、当然「世界性」を持つ。墨田区の中小企業問題、地域産業問題はすでに「世界性」がよく理解されているので話はわかりやすい。「世界性」といわれてもピンと来ない向きはいたしかたがないが、特に昨今の若者は、実は非常にカンが鋭い。良い形で「現場」にふれさせ、「世界性」を指摘していくと、急に人が変わったように動き始める。

このところ数年、私は自分の大学のゼミ生を機会あるごとに中国、アジアの製造業の現場に送り込んでいる。私に「世界の工場の中に飛び込んでこい」と後押しされた学生は半信半疑で「現場」におもむき、出稼ぎに来ている必死の形相の若い女性たちと一緒に数週間働くと、全く人間が変わっていく。人生に対して極めて積極的になるのである。大学で四年間講義を聴いているよりも、アジアの「現場」の数週間の方が、よほど教育効果が大きいといわざるをえない。彼らは、明らかに目指すべき「世界性」を発見したのである。

自分の身の回りに「世界性」を実感して、やる気の出ない人は少ない。「世界性」や「発見」などの言葉が忘れられていることが問題なのである。先に指摘した研究職や公務員、団体職員などの立場にある方々は、「世界性」「発見」などの言葉を握りしめ、日常の仕事に向かっていかなくてはならない。そして、その扉を開く鍵は「現場」の中に潜んでいるのである。

「現場」の空気にポイントがある

昨今はテレビの映像や、インターネットにより、実に大量の情報が飛び込んでくる。茶の間や書斎にいながら、世界の動きを観客として見ることができる。特に、映像は私たちを「現場」に引き込もうとする有力な手段としてさらに進化しているように見える。衛星通信によって双方向の関係も形成されつつある。だが、そこには「現場」に身を置いた時に感じる「緊張感」は微塵もない。あくまでも「観客」なのである。自分の身の安全を確保し、ゆったりと傍観しているにすぎない。

昔から「百聞は一見に如かず」という言葉があるが、これはまさに至言であり、「一見」とは、他人の目を通さずに、自分で「現場の空気」を感ずることではないかと思う。書籍で学んだことやテレビで見て感じていたことが、ガラガラと音をたてて崩れ落ち、一瞬にして新たな認識を得ることができる。それは臭いであり、温度、湿度であり、頬に当たる風でもある。さらに、そこに暮らしている人びととの間に横たわる親密感や緊張感でもあろう。

深圳テクノセンターの食事風景

深圳テクノセンターの寮の内部

私は二〇〇一年から実験的に、東京周辺の中堅企業の若い経営者や二世の人びと一〇人ほどを対象に私塾を開いている。半年ほどは座学中心に進め、その後、現在「世界の工場」とされている中国華南地方の深圳《しんせん》〜東莞《とうかん》の現場合宿を行うことになっていた。だが、三カ月も経つと皆我慢ができなくなり、「勉強ばかりで、頭でっかちになった。早く『現場』に連れていってくれ」という状況になり、中には、自分でどんどん中国視察に出掛けるメンバーも出てきた。

そして、ようやく半年が経ち、二〇〇一年一〇月、メンバー全員で深圳〜東莞に出掛けることになった。受け皿は深圳テクノセンターという、華南地区に駐在する人びとによるボランティア的な組織であり、日本の中小企業の中国進出のサポート、さらに大学生のインターンを引き受けている。詳細は拙著(『世界の工場/中国華南と日本企業』新評論、二〇〇二年四月刊行予定)を見ていただきたいが、テクノセンターの面々は、視察企業のセッティングから食事の手配まで、私の望んでいたパターンを実にうまく用意してくれた。

テクノセンターの「現場」では、二〇〇〇キロ先の内陸からやってきた出稼ぎの若い女性の必死に働く姿、積極的に現地にコミットしている日本人駐在員、さらに、食事を楽しみ、狭い寮のベッドを綺麗に飾りつけている若い女性たちとじかに接し、日本の次代を担う若い経営者、二世たちは「すごい『熱気』だな。うちは中国に進出する必要もないけど、ここで何かやってもよいな」とつぶやいているのであった。彼らは「現場」の空気を吸い、新たな「発見」をしたのであった。わずか五日ほどの現地合宿であったが、「現場」のインパクトは圧倒的なものであり、参加した二世たちに重大な影響を残した。まさに「現場の空気」こそ人びとを大きく揺り動かしていくことになるのである。

2 「現場」には響かない「現場」調査

私のところには、全国の若い研究者の方々から、「現場調査」を踏まえた論文の抜き刷りや報告書が送られてくる。書斎でコンピュータに向かい、計量分析に終始している向きも多いが、他方で、「現場」に入り、研究を進めようとしている若い研究者も少なくない。こうした傾向が深まることは、わが国の社会科学研究の将来にとって望ましいことだと、私は期待している。

だが後に、その同じ「現場」を訪問し、関係者と話をしても、先の若い研究者の話題は出てこない。全く知らないという場合が少なくない。かなりの時間をかけて「現場」の調査をしたはずなのに、「現場」に何の記憶も残していないのである。それは、どうしたことなのだろうか。

†調査票を埋めるだけの調査

おそらく、彼らは、地域の中小企業にアンケートを配付し、その後「現地」調査に入ったのであろう。何軒かの中小企業を訪問し、ヒアリング調査を進めていく。現在では、事前にインターネットで基礎的な情報を収集することもできる。そして、アンケート結果を計量分析し、コンパクトに『報告書』ないし『論文』を作成し、「一丁上がり」となる。若い研究者が〝業績〟などと呼ぶ『論文』を作成する場合、現在では、こうしたやり方がとられることが少なくない。

その前提には、作業仮説なるものがあり、その仮説にしたがってアンケート調査票が作成され、若干のヒアリング調査で補いながら、仮説に合うかどうかが最大の関心事となっている。仮説に合うか、合わないかが問題になっているのである。そこでは「現場」はあくまでも実験材料にしかすぎない。

彼らの「現場」調査を「現場」で再確認していくと、調査票を手にして数人でやってくるという。どこの企業に行っても質問は調査票の通りであり、資本金はどうか、従業員は何人か、売上高はいくらか、最近の売上状況はどうか、インターネットを使っているかどうかなど、お決まりのパターンに終始する。地域の一〇〇件の現地調査をしても、同じ質問を繰り返していく。そして、それを集計して『論文』が作成されるのである。そのため、どこの地域の調査を実施しても、結果はそれほど変わらない。代わり映えのしない報告書、論文が作成されていくことになる。これでは、地元に全く記憶が残らない。時間をとられただけといった雰囲気が地域に残り、後から入ろうとする調査団の障害になることも少なくない。

つまり、彼らは「現場」調査をしたと言いながらも、「現場のこころ」に全くふれていないのである。先にも指摘したように、「現場」は「発見の場」である。既成概念で調査票を作成し、同じ質問を繰り返し、そして、同じような回答を所定の枚数確保して終わりという「場」ではない。「現場」調査の焦点は、相手との「対話」にある。「対話」を重ねながら、新たな問題を浮き彫りにしてこそ意味がある。「現場」を訪問しながら、調査票を埋めてくるだけなどというのは、最低というべきであろう。よく行われている、アルバイトを使った調査票の回収は、相手に負担をかける以外の何ものでもない。

こうしたやり方で作成された報告書、論文は、研究者の世界では業績になるかもしれないが、地元関係者のこころに響くものは何もないといってよい。そうしたことを続けていると、ますます「現場」調査がやりにくくなっていくのではないかと懸念される。

†「現場」には自然体で向かうべき

以上、生意気なことをいってきたが、実は、私も駆け出しのころは、調査票やアンケート調査に依存する部分が多かった。だが、あるころ（三五歳のころ）から、できるだけ予見を持たず、全くの自然体で「現場」に入るようにしている。それは「現場は発見の場」ということが少しずつわかってきたからである。

例えば、ある地域の産業調査を進めようとして二〇〜三〇件の工場を回る場合、調査票を手にしているならば、二〇〜三〇件で全く同じ質問を続けることになる。一方的に質問を重ね、調査票を埋めることに終始するであろう。そして、その結果を集計して、平均的な姿を算出し、報告を書いていくことになろう。だが、それでは「現場」の非常に限られた側面しか見えてこない。実は「現場」には、私たちがイメージできていない何か特別なものが横たわっていることが少なくないのである。それは事前の勉強では把握できないのである。

だからこそ、「現場」での対話が必要になる。やや経験の深い私の場合は、雑談から始めることにしている。五分、一〇分の雑談を重ね、周囲の環境に視線を走らせながら、私が探っていくのは「この方は、どのような話を持っているのか。日常的に誰かに話したがっていることは何か」という点である。経営者、その夫人、従業員の誰でもが「人に話したいこと」を胸に抱えているのである。五分、一〇分でそのことを確認すると、私は残りの二時間、話の焦点をそこに置くことにする。そして、「対話」しながら、徹底的に彼(彼女)の話したいことを引き出すのである。そこには、事前の資料による常識とは全く別の世界が拡がってくる。そこから新たな「発見」が生じるのである。

そして、二〇〜三〇件を、同じようなやり方で進めていく。話題は全て異なり、イメージはどんどん膨らんでいく。二〇〜三〇の話が全て異なるならば、調査票一枚で終わる話が、実に大きな拡がりを示していくことになろう。そこから、事前には想像もできなかった大きな枠組みが見えてこよう。それが「発見」であり、「現場」調査の醍醐味ということができそうである。

アンケートは、仮に実施するとしても、以上のような作業が終わり、新たな大きな枠組みを前提に、確認したい点だけを焦点にまとめ上げ、事後に実施すべきであろう。無駄な質問がなくなり、相手に余分な負担をかけないですむことはいうまでもない。「現場」からは、調査に来る人が多くて参っているとの声も聞こえるが、「現場」環境が維持され、将来にわたって有益な調査が行われていくためにも、無駄な調査は出来るだけ避けるべきであろう。

一方通行で終わらせない

もう一つ、以上のような点に関連して指摘すべきは、「現場」調査を実施する際、相手にとって有益であることを提供すべきという点である。自分たちの業績が上がることだけを視野に入れ、「現場」調査を実施することは、「現場」を荒らすことになる。後の章でふれるが、私たちは「現場を育て」「自分も育つ」ということが必要なのである。

私の大学の学部ゼミでは、夏の合宿以外でも、年に数回の日帰りの「現場」調査を実施している。最近では、近くの相模原市、三鷹市、大田区、墨田区あたりを継続的に訪問している。現地では二〜三班に分かれ、数件の中小企業の「現場」を訪問する。調査票は持たせない。「とにかく話を聞いてこい。興味深いもの、わからないことは徹底的に質問しろ」と指導している。特に、若いうちは、知らなくても恥ずかしくないのである。わからないことはその場で聞くことである。むしろ、経営者の方々は、聞かれると嬉しくなり、実によく教えてくれる。

さらに、学生には「必ず、提案をして来い」と指示している。新しいゼミ生は「僕たちは何も知りません。提案など出来ません」と来る。それに対し、私は「トイレが汚い、電灯が暗いでもよい。提案しようとする態度が必要なのだ」と指導している。訪問して、何かを言わなければならないとしたら、明らかに見る目が変わってくる。社会人だけでなく、これからの社会を担う大学生のレベルでも、訪問した「現場」に関心を抱き、質問、対話を重ねながら、「提案」を行おうとすることが大切なのである。

また、私のゼミでは、「現地」調査を実施した際は、A4数枚のレポートを自由に書かせている。その中に、必ず「提案」をつけさせる。次週には回収し、簡易なものだが必ず製本する。ただコピーして配るだけではダメであり、製本することに意味がある。製本してあると、簡単には捨てられないのである。そして、訪問先にも送付する。私のこれまでの経験からすると、「現場」訪問をしても、レポートが送られてくるケースは極めて稀のようである。お世話になった方々に学生レベルでお返しできるのは「レポート」ぐらいであろう。稚拙な「レポート」であっても、学生の率直な意見は、大歓迎されている。現代社会では、社会人が学生の真面目な「レポート」を読む機会がないのである。「現場」調査をされる方は、上澄みをすくって、サヨナラではなく、ぜひ、数枚の感想文を相手に届けることをお願いしたい。そうしたやり取りが、「現場」との交流の支えとなっていくのである。

3　長い時間をかけて「現場」を「愛する」

先に、「現場」調査には自然体でのぞめ、と指摘したが、事前の準備が要らないわけではない。常識的には、多様な資料収集という作業が必要であろう。地域の産業調査という観点からすると、歴史的な文書、多様な報告書、統計書、また先行的な研究論文等は不可欠であろう。ただし、こうした資料類を集め、即座に「現場」調査に向かい、上澄みをすくい論文や報告書を書いてもあまり意味がない。その程度のやり方では、「現場」の本当のところが見えず、「現場」にも何も響いていかないのである。

†一生付き合う構え

二〇〇一年一〇月、山形県長井市の「どっとこむながe」というイベントのコーディネーターに呼ばれた。シンポジウムの会場で、司会の方から「関先生は、九五年二月以来、長井市へは二〇回目の訪問です」と紹介された。実は、その前年にも一度訪問しているので二一回目なのだが、そんなことはどうでもよく、回数を記録されていることに驚いた。

私自身、日本国内の地方小都市に深い関心を寄せており、室蘭市、北上市、花巻市、宮古市、本荘市、燕市、三条市、柏崎市、坂城町、岡谷市、駒ヶ根市、伊那市、玉野市、津山市などと付き合っている。付き合う相手は市役所、商工会議所、地元経営者、それに飲み屋等であり、どこの地域でも一〇回ほどの訪問回数を超えるころから、事態は大きく変化していくことを強く感じる。

数回のレベルのうちは、全くのお客さんであり、後で振り返ると、ほとんど相手にされていなかったと痛感する。ただし、経験を深めていくと、数回でも一気に仲間に入れてもらえることもある。なかなか難しい世界である。

この長井の場合も、最初の数回は企業の「現場」を訪問し、夕方から経営者、市役所、会議所の方々と飲み屋で気勢を上げ、それなりの感触を得ていたのだが、一〇回を過ぎるころからは、全く状況が変わっていった。夜に登場する経営者や関係者が一段と豊富になり、連れていってくれる飲み屋も様変わりしていく。人口約三万人の町である長井にも、地元の人たちが大事にしている実に魅力的な飲み屋があり、容易なことでは、外から来た旅人を招き入れない。「この人とは、一生付き合うのだ」という判断ができて、初めて内側に入れてくれる。そうしたことがお互いにわかりあえるころになると、心底大事にしてくれる。また、そうした町の夜に潜む店の女将や大将は実によく地元のことを知っていて、昼間には聞けない興味深い話をしてくれるのである。

「地域屋」を自認する私も、そうしたことはよくわかっており、一つの地域と付き合うなら「一生付き合う」態度を鮮明にする必要があることを理解している。先にあげた各地方小都市とは、私は「一生付き合う」のである。この点、地域産業振興で目覚ましい成果を上げたとして知られる岩手県北上市の前市長である高橋盛吉氏から教わったことがある。

「地域産業振興の最大のポイントは何ですか」という私の問いに対し、高橋氏は「それは、会うたびに、飲むことだよ」と指摘してくれた。下戸の方には申し訳ないが、時間をかけて、夜遅くまで語り合うことが、信頼関係形成の最大のポイントかもしれない。自分たちの大事にしている店に招き、夜を徹して語り合う。そこで信頼関係を深め、さらにエネルギーを蓄積していくことが求められているのであろう。受け手の私としては、先の節でみた学生への指導と同じように、地元への理解を深めながら、時代に合った適切な「提案」をしていくことが不可欠となっていく。地域と付き合うということは、それだけの覚悟が必要ということである。

†海外の地域の場合

こうした点は、国内ばかりではない。海外の地域でも全く同様である。現在、私が「一生付き合おう」としている海外の地域としては、中国の大連、瀋陽、北京、上海、無錫《むしゃく》、東莞、そしてモンゴル、さらに、今後は朝鮮半島のいくつかの地域をイメージしている。いうまでもなく、人生には限りがあり、すでに五〇歳を過ぎている私にとって、「現場」を軸にする研究生活はあと二〇年と割り切っている。五〇歳のころまではエリアを拡大していくことに喜びを感じていた。中央アジアのカザフスタン周辺から、南はASEANと思い、できるだけ地域産業の前線に立つことを心掛けていた。だが、五〇歳をすぎて、残

中国丹東から望む北朝鮮

り二〇年と考えた時、エリアを限定し、そこを深掘りしていくことの方が意味があると見定め、活動範囲をかなり絞ることにした。それは、中国、台湾、朝鮮半島、モンゴル、極東ロシアという、いわゆる「北東アジア」地域であり、これから先の約二〇年の間、日本に重大な影響を及ぼすことが予想されるエリアということができる。「地域屋」として、そこに残された研究生活をかけていかなくてはならないのである。

このような海外を視野に入れた場合、地元との付き合いをどのようにしていくかはかなり難しい。私の方針としては、これらの地域と「一生付き合う」のである。また、国内でもそうなのだが、海外では、付き合う人の系統を間違うと、うまくいかない場合が少なくない。特に、アジアの諸国地域ではそうした傾向が目立つ。キーマンを探り出し、一点突破型に踏み込むことが望ましい。私の場合の先の地域との窓口は、地元政府の方であったり、民間団体の方であったり、日本の関係機関であったりする。いずれにおいても、長い交流と信頼関係が基礎であることはいうまでもない。

また、私は大学の教員であることから、相手国の大学と付き合ったらと思う向きもあろうが、「現場」の産業調査を軸にする私のやり方では、アジアの大学はほとんど期待できる部分がない。日本の大学では「現場」調査はようやく市民権を獲得しつつあるが、アジアの大学は「現場」との接点はほとんどない。「書斎で本を読んでいる」大学の教員が偉いという世界なのである。アジアの大学の教員が「現場」に出掛けるには、まだ相当の時間がかかりそうである。私も、時々、韓国、中国の大学教員を「現場」に引っ張り出すのだが、まだまだ腰の重い方が少なくない。北東アジアをめぐり「現場」を共有し、次の時代のイメージを鮮明にしていく必要が高まっている現在、これからも諦めずに、彼らに「現場」の面白さを伝えていくことにしたい。

†資料の蓄積の仕方

以上のように、私の「一生付き合っていく先」は極めて多い。先に上げた地域以外でも、日本の大都市圏として、東京の大田区、三鷹市、八王子市、さらに神戸市も大切な交流相手である。また、最近は北九州市と付き合い始めた。これら全体を視野に入れ、「一生付き合っていく」ことはたいへんな作業となる。さらに、今後は国内的には人口一万人以下の「中山間地域」といわれる町村とも、ぜひ付き合っていきたいと願っている。やるべきことが山のようにあるのである。それらの「付き合い方」については、後の章に譲ることにして、付き合いの基本になる資料はどのように蓄積しているのかを、ここで簡単に紹介しておきたい。

私の場合は、ここ三〇年をかけて、限られた時間の中で取り組むべきテーマと対象地域をかなり鮮明にしてきた。各地域と各時点でどの程度の密度で付き合っていくかを、微妙に判断している。各地域の時間の進み方は異なり、私のできることも限られている。ある地域は毎月通う必要があり、ある地域は年に二回程度ですみ、さらにある地域は三〜四年に一回でもよさそうである。ただし、常にそれらの地域への関心は失わず、視線は外さないことが不可欠である。アンテナに入ってくる情報を解析し、自分の行くべきポイントを常に探っていく。それらの組み合わせによって対応せざるをえない。

この間、資料については、目についたものは徹底的に拾っていく。特に、役所で作成した報告書等は五年程度で廃棄されるものも多く、見逃さずに収集していく。かつて、八王子の本を書いた時、その一〇年前に役所の廊下に廃棄されていた報告書を拾っていたのが、おおいに役立ったことがある。各役所、図書館にも保存されていなかった。世界で私しか所有していなかったのかもしれない。このような収集の仕方は、自分の仕事の将来の拡がりを明確に意識することから始まると思う。

このように「現場」と付き合うには「一生付き合う」心構えが必要であり、全体を見渡しながら、地道に蓄積し、また交流を深めていくことが必要とされているのである。日本の地方小都市などがシンクタンクにやってもらった仕事は、役に立たない場合が多いと指摘されている。それは仕方がない。彼らはお金を貰っている時だけ地元を「愛そう」としているにすぎない。その地域をずっと「愛して」いかない限り、地域との信頼は深まらないのである。若い研究者の方々にも、地元に響かない「業績」などに目をうばわれず、地元を「愛し続ける」という態度を身につけることが求められていくのである。「現場」は刈り取るものではなく、共有し共に育っていくものなのである。

＊

「現場」に育てられながら、それなりにアウトプットを出してきた私の仕事に対して、ここ数年、「どのようなやり方をしているのか」との問い合わせが少なくない。ＩＴ革命などにより、仕事の仕方も大きく変わりつつある現在、「思い」や「愛情」など、古い言葉を大事にする一つの「やり方」を、本書を通じて紹介していければと思っている。

「序」の段階でやや結論めいた言い方だが、「『現場』こそ最良の教師であり、深く交流すること」、そして、「対象と『思い』を共有しながら、『時代の証言』を書き続けること」

は、なかなか素敵な人生ではないか、と思う。ここから、過酷だけれども、意外に素敵ではないかと思える『現場主義の知的生産法』の世界に皆様をご招待したい。

I「現場」調査の準備編

海外2週間調査のカバンの中身はこれだけ。

序に示したように、私はこの三〇年ほどの間、地域産業の「現場」との付き合いに明け暮れてきた。東京の墨田区、大田区、三鷹市などから、地方の小都市まで、さらに一五年ほど前からは東アジアの各国の多様な地域に至るまで、ひたすら駆け抜けてきた。訪問した企業数は国内でほぼ五〇〇〇工場、海外も中国を中心にそろそろ一〇〇〇工場にのぼるのではないかと思う。

ここ一〇年ほどの歩みを振り返ると、海外が中国を中心に毎年五〜七回、国内は数十回の「現場」調査ということになる。特に、海外に関しては、一年間のうち二週間程度を二回、その他は一週間程度を数回としている。一年間に海外が通算二カ月を超えると、いろいろ問題を発生させることになる。「現場」調査の報告を書く時間がなくなり、国内の仕事にも悪影響を及ぼす。そのため、ここのところ、海外は年間通算二カ月以内と決めている。また、海外の一回の単位の最長を二週間としているのは、毎日、過酷な「現場」調査を実施しており、体力、気力のいずれも、これが限界と判断しているからである。どうしても一カ月に及ぶようなアジア調査の場合、二週間たったあたりで、いったん福岡などに戻り、フグでも食べ、博多の中洲の飲み屋でリハビリし、一日ぐらい東京の自宅へ帰宅し、再び「現地」に向かうようにしている。長くやっていると、あるパターンができていくようである。

この章では、『「現場」調査の準備編』ということで、二〇〇一年九月に実施した「モンゴル産業調査」を主たるケースとして、どのようなやり方をしているかを具体的にご紹介していくことにしたい。

1　調査地域の設定

私は現在、中国長江周辺から中国東北部、朝鮮半島、モンゴル、極東ロシアあたりを視野に入れた「北東アジア地域」に深い関心を寄せており、残りの研究者生活の海外編をこのエリアで仕事していこうと腹をくくっている。ただし、朝鮮半島も北の方は、調査機会をうかがっているがなかなか難しく、いましばらくの時間がかかることを実感している。また、地域産業という視点でみると、中国は際立って巨大な存在であり、これまで一五年をかけてきたが、まだまだ多くの時間を必要とする。そうした中で、モンゴル（旧モンゴル人民共和国、外モンゴル）は気になってはいたが、これまで、直接に踏み込み、具体的な「現場」調査を実施することはできなかった。それでも、長い研究計画の中には織り込んでいた。要は、タイミングを見計らっていたのである。

†タイミングの取り方

この二年ほどの私の主な海外調査を振り返ってみると、二〇〇〇年春から、韓国ソウル、中国江蘇省鎮江〜南通、天津、南京、瀋陽、そして、夏が深圳〜東莞、秋が瀋陽、そして、二〇〇一年は、春が深圳〜東莞、大連〜丹東〜瀋陽、夏がゼミ合宿の無錫、そして、秋がモンゴル、深圳〜東莞と続けてきた。これらの中で、深圳〜東莞と天津はそれぞれ著書の執筆にとりかかっており、二〇〇二年中には公刊できる見通しである。上海〜無錫〜鎮江〜南京といった長江下流域はすでに著書として公刊しているが、現在は次のステージのための定点観測を進めている。大連〜瀋陽は大連分についての著書は刊行済みだが、別テーマで研究継続中である。また、ソウル周辺は現在、本格的な「現場」調査を実施するためのタイミングをうかがっている。

海外に関しては、思い立ってすぐ納得できるレベルの「現場」調査などできるわけがない。時間をかけ、タイミングを見計らいながら、できることから進めていかざるをえない。そうした意味では、頭の中がかなりの複線状態になっていないと対応できない。

また、私のような大学の教員の場合、二週間単位の海外調査を実施する機会としては、夏休みと春休みの二回がある。ただし、春休みの場合は、中に入学試験などがあり、付帯の会議等を考慮すると、ギリギリまで予定が立てにくい。大学の教員の場合、入試関係の仕事は最重要なものであり、万難を排して対応せざるをえない。休講は補講で補うことができるが、入試をすっぽかすことは御法度なのである。また、夏休みは二カ月あるものの、海外調査はせいぜい二週間が一回、一週間が一回の計二回が限度である。二週間を二つ入れると非常に辛い。夏休みは海外調査のチャンスと同時に原稿執筆の重要な時期でもある。さらに、学期中については海外調査はなかなか難しく、五月の連休、一一月の連休にかぶせて行うことになる。それでも、一般の勤め人の方々に比べれば、年間の相当の期間を海外調査に割くことは可能である。

筆者の中国関係の著書

　私の場合は、以上のような基本的な枠を設定しておきながら、自分のイメージしている研究対象地域とのタイミングを常に見計らっている。いつも、現地でどの程度のことができるのか、いつ行くべきかを考えている。

　こうした中で、モンゴルを具体的に意識し始めたのは、二〇〇〇年の夏の終わりであった。この時、私は若い友人たち数人と中国の深圳〜東莞の二週間、五〇工場の過酷な調査に入っていた。たまたま、現地の案内人が徐樹林君という中国の内モンゴル自治区出身の若者であった。彼はモンゴル族と漢族とのハーフであり、「馬で小学校に通った」という彼の語る幼少のころのモンゴル族としての生活は、私たちのこころに強く響いた。夜な夜な開かれるホテルの部屋での反省会で「ヨシ、来年の夏は『モンゴル』をやろう」と気勢が上がったのであった。

幸運にも、その時のメンバーの一人であり、㈶横浜産業振興公社に勤めている長谷部亮氏が「うちのフロアの一部をモンゴル商工会議所に貸している」と言いだした。帰国したら、早速、そこを訪問しようということになった。こんな気分でモンゴルの「現場」調査が始動することになる。常に盛り上がり、複線でやっていれば、あるキッカケでエネルギーが集中し、ベクトルが定まっていくこともある。

†コアメンバーの選定

海外「現場」調査の場合は特に、ルートを的確にとらないと手痛い目に遭う。私自身はこれまでこれといった失敗をしたことはないが、日本人の調査団や欧米人の団で、二週間現地入りして一工場も入れなかったケースを見たこともある。私たちの団にまぜてくれと頼まれたこともある。時には応じるが、えてしてそうした人びとは行儀が悪く、閉口させられる場合が少なくない。当初の計画通りにいかず、イライラしているのかもしれない。迷惑な話である。

深圳から帰国後、早速、横浜のモンゴル商工会議所日本支社（別名、モンゴル・日本経済促進センター、通称、MJEDセンター）を訪問、エールの交換をする。取りあえずは、お互いのポジションを確認することができた。当面は、それで十分である。すでに、これから先、秋〜冬〜春の海外「現場」調査が三本予定に入っているのである。

その三本を片づけた二〇〇一年春、この夏から秋にかけての気候の良い時期に「モンゴル」調査をどうしてもやりたくなった。メンバーは長年にわたって私と北東アジアの共同研究を続けている西澤正樹氏（パス研究所代表、一九五六年生まれ）、真田幸光氏（愛知淑徳大学教授、五五年生まれ）、そして、長谷部亮氏（財横浜産業振興公社、六一年生まれ）をコアメンバーとした。かなり過酷な条件で「現場」調査を実施する以上、特に、コアメンバーの選定は重要であり、気心が知れていること、あらゆる意味で実力のあることが不可欠となる。体力、気力十分であり、何があってもめげない明るさが要求される。

西澤正樹氏は、私とはすでに二〇年ほどの付き合いであり、これまで数十回の海外「現場」調査を共にこなしている。痩せてはいるものの、気力十分で、体力的にも問題はない。

四〇歳代半ばに入り、やや危うくなってきたものの、事務能力が抜群であり、調査団の事務局長として欠かせない。そろそろ、後継者が必要になっているようである。彼は武蔵大学応援団出身であるが、大学時代休学し、一人でヨーロッパ〜中近東〜インドを一年間放浪した興味深い人物でもある。実は、この数年、私の海外「現地」調査の面倒なことは彼に支えてもらっているのである。彼は数年前、中堅シンクタンクから独立創業し、地域開発のコンサルタントとして一人で仕事をしているが、私とあまり海外調査に出掛けていると、収入が上がらないのではないかと心配である。それでも彼はついてくる。よほど面白いらしい。

真田幸光氏は、慶応義塾大学野球部の出身であり、東京三菱銀行勤務時代、韓国、香港での駐在経験も長く、海外の「現場」はお手の物である。二〜三年前に愛知淑徳大学に移籍し、この数年、私の団で重要なポジションにいる。流暢な韓国語を駆使し、特に北東アジアに広く展開している韓国系企業と接触する際は、抜群の能力を発揮する。とにかく朗らかで団を楽しくさせてくれる。

長谷部亮氏は九〇年代後半の三年間ほど上海に駐在していた際、私たちの長江下流域調査のサポートを現地でしてくれた。特に、私のゼミが九九年夏に上海郊外の松江区で合宿を張った際は、地元政府との調整に奔走してくれた。外国人の学生が四〇人も一週間、農村にとどまり、企業調査するなど前例がないとして上海市政府からは拒否されたのだが、地元の松江区を粘り強く説得し、実現にこぎつけてくれた。彼も、年に一～二回は私の団に入ってくる。汗をかきながら、じっと一番後ろに控え、見事な玉出しをしてくれる人物である。

私を含めたこの四人をコアメンバーとして、モンゴル側との折衝が始まっていくことになる。海外「現地」調査がスムーズにいくかどうかの一つの大きなポイントは、メンバーの選定である。持ち味の違った多様なメンバーが必要であり、また、体力、気力が十分であり、常に朗らかで楽しくやれるメンバーであることが不可欠である。私は、そうした意味ではたいへんに恵まれている。

†事前の調整、ベクトルは揃った

私たちが視野に入れているアジアの各地域の場合、常に、複数あるうちのどのルートから入るか考えさせられる。アジアの場合、リスク回避を意識してバックアップのための別ルートを用意しておいたりすると、ロクなことにならない。いずれも「面子《メンツ》」の国なのである。そのため、どこかの一本のルートに全面的に任せるという態度が必要である。この点、今回のモンゴルの場合はもともと、商工会議所ルートしかない。MJEDセンターとじっくり取り組むことにした。二〇〇一年春にはセンターに接触、私たちの意図するところを伝えた。合わせて、これまでの私たちの活動の成果も手渡した。

「この夏、モンゴルで二週間、四〇〜五〇社の工場の『現場』調査を実施したい。そして、それを日本国内に広く伝えていきたい」と言う私の言葉に、MJEDセンターの代表理事である鈴木宏氏は即座に反応し、「モンゴルは日本では大草原と遊牧民のイメージしかないが、産業化に向けて頑張っている。そうした状況を、ぜひ積極的に伝えて欲しい。調査団の受け入れは『望むところである』。できる限りの支援をする」と返してきた。これで、基本的なルートは固まった。後は、モンゴル商工会議所会頭宛に趣意書等を送り、モンゴル国内での受け入れ態勢を固めてもらうことになる。

日本からのモンゴルへの直行航空便は、関西国際空港〜ウランバートルであり、毎年、六月中ごろから一〇月中ごろまでの夏期しか飛んでいない。しかも週二便（土曜日と水曜日）であった。その場で、日程は九月一日の土曜日から九月一五日の土曜日までの一五日間と決定した。メンバーは先の四人プラス若干名とした。

また、訪問企業をリスト化するための資料はなく、鈴木氏の思い浮かぶところをあげてもらったが、これはなかなか難しいことがわかった。要は、現地に行ってから調整するしかない。私たちと鈴木氏とで合意したことは、いつものように、観光は要らない、毎日、早朝から夕方まで、一日、四〜五件の企業ヒアリング、土曜日、日曜日も可能ならば「現場」調査、目標四〇〜五〇件、というものであった。基本的な枠組みの合意後、早速、冷蔵庫のジンギスカンビールを空け、まだ見ぬモンゴルの工場にベクトルを定めながら、集中力を高めていったのであった。

以来、出発までは、一度だけ関係者が集い、調整を行ったが、結果的には訪問企業も全く決まらないまま、九月一日を迎えたのである。訪問先も決まらないまま出発するなどは、私たちの「現場」調査では当たり前であり、何も慌てることはない。ルートさえしっかりしていれば、現地でいかようにもセットすることが可能になる。実際、このモンゴルの二週間では、現地で毎日、調整を繰り返し、キッチリ四〇件の訪問を実現することができたのであった。

2 事前の準備で必要なこと

このように、今回のモンゴル調査は、具体的な訪問先は全く見えないものの、海外調査の最大の課題である「ルートの確保」がスムーズにいき、何の問題もない船出となった。

この節では、海外「現場」調査を進める際の、事前の準備に必要なことを概略説明しておくことにしたい。先進国、発展途上国による違い、また、一回目と二回目以降との違いなど、いくつか異なる点もあろうが、ここでは、モンゴルの第一回目の調査を題材に、準備すべきことを紹介していくことにしたい。

†相手に利益を与えるための日常の準備

海外「現場」調査など、こちらの思い通りに進むわけはない。相手側に協力者がいて、また、タイミングが何よりも重要なポイントになる。テーマを一つだけに絞っている場合には、何年もジリジリ待たねばならない。その間、協力者、ルートの模索を常に続けて行かなくてはならない。そして、このようにジリジリ待ち続けると、精神的にも良いことがなく、余裕もないことから、各所でつまらない問題に直面し、トラブル発生の原因にもなり、「現場」調査そのものが低調に終わる懸念も大きい。長く海外「現場」調査をやっていると、現地でそうした団を見かけることも少なくない。

物事には流れがあり、無理をしてはいけない。また逆に、チャンスを逃してはいけない。このルートは間違いないと見定め、チャンスをうかがい、一気に踏み込んでいくことである。日程計画が十分に立たなくても、突っ込むべきところは、思い切り良く踏み込んで行き、現地での調整を待つべきであろう。特に、途上国の場合は事前の計画を十分に立てることは難しい。日本国内並みに計画通り進むと思ってはいけない。現地で粘り強く対応すべきである。

仮に、現地で調整が不調に終わってもめげる必要は全くなく、街の裏通りや郊外でもブラブラしながら新たなテーマを探すぐらいでないともたない。また、次の機会を待てばよいのである。そうした大きな態度、自然体でいれば、現地の協力者も必死で頑張り、結果的に大きな成果をうることも、しばしばある。何事も、慌てないことにつきる。

また、協力者、現地の訪問先にとっても、外国の調査団と接触して、何か利益となる点が見えない限り、まともな対応をしてくれるはずはない。当方としても、先方が利益と感ずる点は何かをよく見定めていく必要がある。特に、日本の大学の教員を受け入れても、先方には何の現実的な利益もないではないか。この点がまことに辛い点である。これが企業の視察団であるならば、投資や取引の機会になりうる可能性もある。だが、大学の教員では、具体的な利益は何もない。そのため、日本の大学の教員を中心とする調査団は、相手国の大学の教員と接触し、研究費の配分、日本の国際会議への招聘などを持ちかけ、協力を仰ぐことになる。

専門分野によっては、こうしたやり方でも一定の成果は期待できようが、産業、企業調査となれば、このような取り組みはほとんど意味をなさない。途上国では、大学の教員は「現場」に出るものではなく、書斎で本を読むのが仕事になっているのである。その結果、現地企業の紹介を依頼すると、わずかに自分の研究室の卒業生に企業訪問を依頼するのが関の山である。当該企業の責任者に面談することも難しいであろう。

以上のようなことから、産業、企業の「現場」調査を実行しようとするならば、地元産業界に重要な影響を及ぼしているルートを探し、当方と付き合うことは利益があることを理解してもらわなければならない。そして、その利益とは何か。それは、取引先、投資者の紹介であることはいうまでもない。また、彼らが日本に来た時に、彼らが訪問したい相手を紹介できる力量を持つことも必要であろう。つまり、日本国内でしっかり仕事をし、各部門に有力なつながりを持っていることが不可欠なのである。むしろ、日本国内にそうした関係を形成できていない場合は、海外の産業、企業の「現場」調査も難しいといわねばならない。この点は、日本国内の「現場」調査も同様である。この人と付き合えば利益になると思えば、企業は受け入れる。逆に、そうでなければ、受け入れない。先の章で、訪問したら、必ず「提案」が必要としたのは、そうしたことなのである。そのような日常的な積み重ねが、「現場」調査を豊かにしていくことはいうまでもない。

†スケジュールの立て方

　現地企業に対して、日本から直接にアポイントをとることはできないことではない。私も必要に応じて、そうしたやり方をとる。だが、一週間で数社回ればよいというような余裕のある場合は別だが、日本からの直接アポイントは非常に効率が悪い。特に、途上国ではそうした早い時期のアポイントは、当日、急にキャンセルされる場合も少なくない。多くの途上国では日本並みのアポイントの取り方は、必ずしも一般的ではないようである。私が、そうした手間をかけるのは、どうしても訪問したい数社がある場合、あるいは、二度目、三度目で、その企業を訪問するためだけに海外「現場」調査をする場合である。

　したがって、細かなスケジュールは現地で組み立てる以外に方法はなく、大まかなスケジュールを立て、訪問希望企業も大まかにイメージする程度で十分である。また、私が二週間程度の海外「現場」調査を組み立てる時は、企業の空間的な広がりにもよるが、朝八時半ないし九時から昼一時間の休憩をはさんで夕方六時ごろまでを基本とし、午前二社、午後二〜三社を設定する。これを月曜日から、できたら土曜日までの六日間、そしてその倍の二週間を想定する。つまり、企業訪問を入れられる枠を四〇〜五〇ほど用意し、現地の協力者に何がなんでも入れてもらうように要請する。

このように、私たちの要請は常識的には過激にすぎ、相手は戸惑うが、二〜三日をどこ吹く風とやり抜くと、相手は次第に真剣になり、これでもかとアポを入れてくる。当方にとって、それは望む所であり、一気呵成にこなすうちに、相手は「この連中は違う」と判断し、信頼関係が一段と深まっていく。それには並みの体力、気力ではついていけない。私たちは、これまでに年五〜七回程度の海外「現場」調査をやり抜いてきたが、ほとんど、このようなやり方をとってきたのである。

また、事前にかなりの数のアポイントをとれる場合は、最後の二〜三日をわざと空けておくことにしている。実際に現地調査を進めていくと、その過程で新たに訪問すべき企業の情報を得ることが少なくない。それらを訪問する時間を別途空けておくのである。出発前に、日本国内で全ての予定を入れておいては、有益な海外「現場」調査にならない。現地で「未知との遭遇」を経験していくことが「新たな発見」となり、私たちの創造性を刺激していくことになろう。海外「現場」調査の場合は、そうした余地を大きく残しておくことが必要だと思う。

†費用について

海外調査の費用に関して言えば、私たちは年五〜七回のうち半分以上は自費で対応している。当然のことだが、自費で対応するということは、真剣にならざるをえない。二週間で四〇〜五〇件は当たり前のことなのである。遊んでいる余裕はないのである。

スポンサーつきの何かのプロジェクトにより現地調査を実施する場合は、ある特定のスケジュールで動かざるをえないことが少なくない。現地で意外なものに出会い、さらに追いかけていこうとしても、そのプロジェクトの枠の中では限界がある。そうした取り残しの重要な部分は、当然、その後に自費で対応せざるをえない。むしろ、そうしたところにこそ「新たな発見」が横たわっている。お金が無いので、また、研究費を貰えないので海外「現場」調査ができないとボヤく向きもあるが、それは自分が悪い。必要を感じたら、お金は自分で作りだし、必死に海外「現場」調査に踏み出すべきではないか。私たちのメンバーの多くは、実際にそうしているのである。

さらに「あなたたちは、事前に国内で研究会をやっているのか」と聞かれることも多い。正直なところ全くやっていない。私たちは出入り自由の多様な専門家集団一〇〇人ほどから構成されており、テーマごとに「現場」で合流している。特に日常的に連絡を取っているわけではないが、お互いの手の内は十分にわかっており、説明の必要がない。なお、この集団は大学の教員、シンクタンクの研究員、公務員、銀行員、普通のサラリーマンから構成されており、周囲からは「関軍団」と呼ばれている。「集団」の基本は「現場」への関心と、社会に対する「志」であり、「『思い』のない者は去れ」と言っている。だが、一向に減少する気配は無く、年々増加していく。この「集団」の特徴は、特別に会合を持ったりはせず、「案件」ごとにメンバーが編成されていく点であろう。

例えば、こうしたメンバーに「モンゴルに二週間行く」という話が伝われば、数十人は即座に反応し、時間のやり繰りのつくメンバーが数人寄ってくる。今回は当初の四人をコアに、全体で七人が予定されたが、直前に一人が病気になり、結果的に六人になった。メンバーがはっきりすると、各人は自分の役回りを即座に理解し、事務局、会計担当、連絡担当、現地での物資調達係、資料収集係などが自発的に生まれてくる。あとは、時間の進み方を見ながら、エネルギーを高めていくのである。出発前に時間があれば一度くらい集まるが、特に細かな話はせず、一気に飲み会に転じ、夜更けまで暴れて解散となる。まるで『七人の侍』か『荒野の七人』の趣であり、それで困ったことは一度もないのである。

3 荷物はできるだけ少なく

私たちの海外「現場」調査の場合、現地で調査内容をまとめたり、資料を読み込んだりする時間は全くない。朝八時半ごろからスタートし、昼食はビールを飲んでそこそこに過ごし、午後は一時ごろから六時ごろまで、ひたすら「現場」に打ち込む。夕食は連日大宴会となり、九時ごろに終わると、ホテルの部屋に引き揚げ、「反省会」と称し、現地調達したビール、つまみで、夜半まで喧々囂々と盛り上がる。冗談を言い合いながら、実はお互いに気合いを入れ合っているのである。これはたいへん重要な時間である。今回の調査の意義、今後の対応を確認し、その上「現場主義」を徹底させていくための時間でもある。皆がさらに元気がでるのである。

そのため、一人で何かメモを作成する必要があれば、早朝に起きて、朝飯前に行わざるをえない。「まとめ」は帰国してから行えばよいのである。昼間はギリギリいっぱい「現場」に漬かり、夜は「明日の英気を養うために」発散することがなによりである。

また、もう少し若いころは、夜の世界も「現場」調査と意気込んだものだが、五〇歳をすぎたころからヤメタ。うるさいばかりで、アジアの夜はあまり代わり映えしないことがよくわかった。日本の地方の味のある女将や大将は見当たらないのである。だが、これは、まだ調査不足かもしれない。

†手荷物だけで、フットワークよく

以上のようなスタイルが定着してきたため、私たちの団のメンバーの荷物は極めて少なくなってきた。特に、私の荷物は際立って少ない。時々、別件で別系統の人びとと海外に行くこともあるが、成田空港の航空会社のカウンターで待ち合わせると、「もう手荷物をお預けですか」と聞かれる始末である。私は、この一〇年ほど、海外に行くのに手荷物を託送したことはないのである。四〜五日程度であれば、普段使っているショルダーバッグ一つだけ、一週間以上であれば、そのショルダーバッグと、小ぶりな手提バッグ一つであり、機内持ち込みのレベルにとどめてある。まず、自宅を出るとき、町内の人に出会っても、まさか海外に行くとは思われないボリュームである。しかも、年々、荷物は少なくなっていく。

荷物を少なくする理由は何か。一つは、いうまでもなく、荷物を預ける場合と、機内持ち込みの場合とではスピードがかなり違うという点にある。荷物が少なければ、自宅から駅までの歩き、成田空港で駅を降りてからカウンターまでの歩きもだいぶ違う。特に、出発フロアに入ってから、荷物を預ける場合には相当並ばされる。また、チェックイン・カウンターが混んでいても、手荷物だけの専用カウンターがあり、実に早くチェックインできる。そして、余裕の時間でゆっくりコーヒーも楽しめる。

　特に重要なのは、外国に着いてからである。手荷物だけであれば、入国手続後、即座に空港ターミナルを出て、タクシーを拾い、アッという間に目的地にたどり着く。預けている場合は、荷物の出てくるのを待つことになるが、その時間は全く無駄という以外にない。場合によると出てこないこともある。その場合、どうするのであろうか。私には、そうした経験がないのでよくわからない。

　また、現地での移動の際も、大きな荷物を抱えている人は、余計な時間がかかる。車をチャーターする場合も、大型を頼まざるをえない。全てに無駄があり、時間がかかりすぎる。私たちは「現場」の限られた時間で最大の成果をあげていかなくてはならないのである。

関西国際空港出発カウンターで

　また、荷物を少なくするということは、第二番目に、基本的な生活態度の引き締めにもつながる。常に無駄なものを削ぎ落とし、シンプルな生活をしていくことが、特に研究者には必要と思う。余分なことはしない、身の回りをシンプルにして、考える時間、執筆する時間をできるだけ大きくしていくことが求められる。

私は、年齢の割りには駄文ながらも著作が極めて多い。世間から「いつ書いているのですか」と聞かれることが少なくない。これに対して、私は「普段は他の人と同様、あまり時間が無く、書けませんよ。暮れから正月、五月の連休、お盆休み等、皆さんが休まれている時に書いています」と答えている。普段でも、家庭に迷惑をかけながら、私は他の人よりも自分の時間をかなり多くとっている。私はバスやタクシーはよく使うものの、車を自分で運転しない。運転しない覚悟で免許も取得していない。東京で生活する限り、自家用車は要らない。また、この二五年ほどの間、基本的にテレビを見ていない。年間でせいぜい数時間程度であろう。自分が出演したテレビ番組も、局からビデオをもらっても五分くらいで止めてしまう。冷や汗ものだからである。

車とテレビを拒否すれば、時間は相当に浮いてくる。そうした少しずつの時間の積み重ねの中で、駄文を書き綴っているのである。「テレビも見なかったら、情報から遅れるではないか」と言われることも少なくないが、食事中に家内の話を聞き、新聞を精読し、電車の吊広告を見ていれば、当面必要な世間の動きは把握できるように思う。

かつて二〇歳代中ごろの大学院在籍中、大先輩であり、ケインズの『一般理論』の訳者として著名な塩野谷九十九先生の集中講義に、一週間ほど参加したことがある。休憩時間に、先生は「私はテレビは見ない、新聞も読まない」と言われていた。若気の至りで、経済をやっている先生がそんなことでいいのかと思い、「社会の情報はどうされているのですか」と質問したことがある。先生は「家内から聞いている」と答えてくれた。とても洟垂れ小僧の私のレベルでは、そこまで達していないが、最近、なんとなく少しわかるような気がしている。自分の領域を見定め、キチンとした仕事をしようとすれば、そのくらい徹底していくことが必要なのかもしれない。私にも、まだおおいに改善の余地がありそうである。

†そして、カミソリだけが残った

この海外「現場」調査の際の荷物に関しては、私は相当にこだわっている。持っていく荷物を重量、容積ともにいかに減らすかである。小さく、軽ければ、行動はさらに敏速になる。また、もう一つ、調査期間中もいかに荷物を減らせるかをテーマにしている。ここに、二〇〇一年九月のモンゴル二週間「現場」調査の際の携帯物表がある。こういった表を毎回作成し、何が削れるかをいつも考えている。相当にオタクな話だが、この表を参考に、私の荷物を減らす努力の跡を紹介したい。不思議なことに、こうしたことは次第に楽

表　モンゴル2週間（01.9.1〜9.15）調査の携帯物

上　着	1着	ノート	4冊
ネクタイ	1本	筆記用具	適当
シャツ	3組	カメラ	
パンツ、アンダー	3組	フィルム	15本
靴　下	3組	電　池	
寝巻（Tシャツ、パンツ）	1組	携帯灰皿	
カミソリ		パスポート	
うがい薬		チケット	
歯肉炎薬		ド　ル	2,500ドル
胃腸薬	40個	日本円	100,000円
リップクリーム		ライター	
テニスボール		手　帳	
楊　枝		名　刺	100枚
コーヒー	小1瓶	眼　鏡	
緑茶、梅茶	15個	目覚まし時計	
ポケットティッシュ	8個	資　料	若干
洗　剤	4個		
若干の菓子			

しみになったりするのである。まさにオタクというべきかもしれない。

　まず「衣類」のブロックを見て欲しい。モンゴルの九月中旬は寒いと言われ、上着は取りあえず持参することにしたが、通常は持たない。海外の「現場」訪問は基本的にはオープンシャツ、セーターなどにしている。また、今回はつい慣れないことをしてしまったために、自宅を出る時に、用意していた上着を忘れてしまった。モンゴルに着いて二日目に寒くなり、あわてて市場で日本円一二〇〇円ほどのトレーナーを一着購入した。これは助かった。通常、現地調達した衣類は捨てて（地元の土に戻して）帰るのだが、このトレーナーのあまりの貢献度に、今回は日本に持ち帰った。だが、日本で着ることはなく、次のモンゴルの時に持っていくことにしている。

シャツ、アンダー、靴下の類は、全体の日程、気候等を考慮し、何組持っていくべきかを考慮する。今回は一五日間、涼しいからあまり汗をかかないと踏んで、四回洗濯すればよいと決める。そのため、洗剤は小袋四個。当然、シャツ類は最低二日間は着て、できれば三〜四日もたせることに決める。湿度が低いことから洗濯物は直ぐ乾くと期待した。そのため、着ていく物を含めて四セットとした。実際、夜洗濯すれば、朝には乾いていた。何の問題もなし。

実は、あまり大きな声では言えないが、シャツ、アンダー、靴下の類は、そろそろ捨てようかと思っているものをタンスの隅から引っ張りだし、持参している。そして、日程の最後のころに、少しずつ捨てていくのである。荷物がだんだん減っていくことはいうまでもない。だが、この衣類に関しては、ポロシャツなどの場合、捨てるつもりで持っていくのだが、現地の環境に馴染むにしたがい、「それほど悪くないではないか」と勿体なく思うようになり、なかなか捨てられないこともある。だが、自宅に持ち帰っても、日本では着ない。持ち帰ったシャツは次の回のテーマとして残る。今回のモンゴルでは、西澤事務局長が、捨てるつもりのスーツを着てきた。現地の環境では別に悪くはない。彼は最終日、袋に入れてゴミ箱の横に置いてきたのだが、一週間ほどたって、日本に届けられてしまった。「捨てたパンツが追いかけてくる」というのは、途上国でよく聞かれる話である。

また、海外調査の場合、Tシャツ、半ズボン程度の寝巻はあったほうが良い。ホテルライフには不可欠である。これも捨てようと思っているものを持参し、当然、捨ててくる。

洗面用具は、何年もかけてギリギリまで減らし、私は現在カミソリしか持っていかない。途上国のどんな田舎のホテルでも泡の出ない石鹼、歯茎が削れるハブラシ、そして、頭に突き刺さるクシ程度はある。ない場合は、近くの雑貨屋で調達すればよい。シャンプーも同様である。だが、カミソリだけはダメである。現地調達しても、肌が削れるのではないかと思える代物が多い。まだ、私も修業が足りない。このカミソリについては、私は日本国内のホテルで泊まった時に置いてある使い捨てのカミソリを蓄積しておき、それを一本持っていく。日本の使い捨てカミソリの多くは二週間程度は十分耐えられる。一日で使い捨てるとはもってのほかである。慣れてくると、各メーカーにより、どの程度もつかがわかってくる。蓄積されたそれらの中から、日程に合わせ、選択している。

常備薬はそれぞれの人で違うであろうが、私は疲れがたまると歯肉炎を起こすことから歯肉炎薬、毎日飲みすぎなので胃腸薬、モンゴルは乾燥地帯であることからウガイ薬とリップクリームを持っていくことにした。また、ポケットティッシュは数個。不意のトイレ用である。途上国のトイレでは不可欠となる。また、泊まったホテルにましなトイレットペーパーがあれば、毎日、カバンの中に入れて持ち歩く。さらに、私の場合の隠し球は「テニスボール」である。寝る時に腰や肩などに当ててマッサージがわりに使うと効果的。二～三日で全快する。

さらに、嗜好品としては、私は、緑茶や梅茶などのティーバッグを日程分の個数。早朝、起き抜けに飲むことにしている。中国の場合、ホテルの部屋に中国茶のティーバッグが置いてあり、最近までそれで用を足していたが、五〇歳をすぎたあたりから、緑茶や梅茶を持参することにした。これで、ずいぶんゆとりのある朝を迎えることができるようになった。緑茶のティーバッグも各種あるが、一通り検討し、あるメーカーのものを常用している。また、コーヒー党の私は、インスタントコーヒーの小瓶を持参している。

これ以上は特に何も要らないことになる。ただし、今回は若干のお菓子として、アーモンドチョコと花林糖を持っていってみた。日程の後半の緑茶と花林糖は絶品であった。そして、以上のカミソリから薬、嗜好品はすべて箱を取り除き、剝き出しにして、一枚のペラペラのスーパーの袋に放り込んでおく。軽量化、小型化がなによりなのである。値段の高い歯肉炎薬は持ち帰るが、あとは全て捨てて帰ることになる。

†ノートとフィルムがカギ

ノート、筆記用具、カメラ、フィルムは私たちの武器であり、かなりの試行錯誤を重ねてきた。ノートはB5判の薄手で、罫線の太いものにしている。厚手のノートは重く、また、残った時に無駄である。薄手のノートを複数持参した方が良い。A4判のノートは重すぎる。また、私たちはテープレコーダーは持たず、ノートにバリバリ書き込んでいく。そのため、罫線は太いほうが良い。テープレコーダーを持たないのは、再生して同じだけの時間をかける余裕がないこと、一社二時間程度のヒアリングは、ノートの六〜七ページに書きまくれば、全体を再現するのにそれほど困難ではないと判断しているからである。また、持参するノートの冊数は、ヒアリングがどの程度の密度になるかを予測して決めている。二週間、四〇〜五〇社となれば、四冊は必要になる。

筆記用具は十数年の試行錯誤の結果、一本一〇〇円のトンボの水性ボールペンと決めている。滑りの良さは抜群である。ノート四冊分とすると、ボールペンは二本は確実に消費するが、航空機による気圧変化でダメになるものもあり、四本は用意する。なお、最近、三菱鉛筆で気圧変化に耐えられる水性ボールペンが開発され、航空機利用の一般的なアメリカで発売されたようだ。その他、非常用に油性のボールペンを一本しのばせておく。ノートやボールペンは現地でも調達可能だが、品質が相当に違うため、やはり日本から持ち込んだほうがスムーズに使える。現地調達のノート、ボールペンでは引っかかって効率が悪い。

私は「現場」でできるだけ多くの写真を撮ることにしている。後で文章を起こすときのキッカケにもなるからである。私は若いころ、カメラ小僧であり、一眼レフに凝っていたものだが、現在では、一二〇ミリ程度のズームがついているコンパクトカメラを常用している。これで十分である。ただし、使い方が激しいため、二年ともたない。ほとんど毎年買い換えをしている。各社によって、使い勝手がかなり違う。現在、手元に京セラとペンタックスのコンパクトカメラを用意し、使い分けている。使い勝手の良さでは京セラだが、耐久性に問題がある。ペンタックスは耐久性は抜群だが、スピードに欠ける。そのため、壊れても買い換えできそうな地域の場合は京セラ、ダメそうな場合はペンタックスにしている。当然、モンゴルはペンタックスである。

実際、二週間の海外「現場」調査の場合、三六枚撮りフィルムで一五本は撮る。多い日は一日三本、まるでダメな日もある。二週間の場合は一五本、一週間の場合一〇本を持つ。これらフィルムは箱を外して持参し、撮り終えた分はプラスチックのケースも捨てる。当然、カメラのケースは、購入した段階で捨てている。

†とにかく捨ててくる

最近、気になるのは、カメラ用電池である。ズームやストロボを多用すると、電池の減り方が激しく、二週間の日程では、電池は二セット程度持参しないと対応できない。今回のモンゴルでも日本から持参していったが、私のカメラに必要であった日本製のCR2というリチウム電池が、いくつかの場所で日本のほぼ半額で販売されていた。実に腑に落ちない気がした。でも、やはり途上国に行く場合は、必要本数の電池は持参した方が良い。なお、このカメラは近いうちにデジカメになることは間違いなさそうである。

また、携帯灰皿はスモーカーには不可欠である。どこの国でも吸殻のポイ捨てをできる状況ではない。特に、外国人は慎むべきと思う。外で携帯灰皿を利用していると、地元の人が不思議そうに寄ってくる。新たなコミュニケーションが生まれることもある。スモーカーで携帯灰皿を忘れた場合は、プラスチックのフィルムケースに少し水を入れて使われることをお勧めする。

その他、パスポート、チケットは忘れないように。カードは使えない場合があることから、現金をある程度用意しておく必要がある。トラベラーズチェックは途上国の地方都市ではまず使えない。スモーカーには予備のライター、また、名刺は二週間ならば一〇〇枚程度は持参した方がよい。名刺を両面使って和文、英文表記をしている方が多いが、私は片面に必要なだけ併記している。私の名刺の年間使用枚数は二〇〇〇枚程度になり、そのコストは馬鹿にならない。そのため、増刷分はオフセットで一〇〇〇枚単位で頼んでいる。片面のためコストは安く、一枚六円程度ですんでいる。あと、目覚時計は私にとっての必需品である。いつなくしてもよいように、できるだけ小さくて安いものを利用すべきである。モーニングコールなど、あまり期待してはいけない。資料関係は地元で確認したいものの程度にし、持って行かない方が良い。まず、現地でめくることはない。

以上のように、ギリギリ削って私の海外「現場」調査が実行される。基本的な考え方は、できるだけ軽量化、小型化に努め、行動のスピードアップを図る、持参した物はできるだけ現地で処分し、カバンの中身を減らすことである。実際、持参したもので持ち帰るものは、大事な順番にパスポート、ノート、フィルム、手帳であり、その他としては、カメラ、眼鏡、目覚時計、高額な薬品程度である。

その結果、カバンはほとんど空になってしまう。そこに、現地で収集した資料類を入れて帰ることになる。ただし、現地で集めた資料も、毎日、早朝に全て点検し、表紙や要らないページは全て破棄してくる。その結果、行きと帰りでは、カバンの中身は全く変わり、重くなってはいるが、ボリュームはほとんど変わらない。帰り道、都内ですれ違っても、まさか二週間も海外に行っていたとは思えない雰囲気であろう。さて、今後の海外「現場」調査で何を削れるか。楽しんでいるところである。

なお、パスポート、チケット、ノート、フィルム、手帳は一番大事なものであり、常にショルダーバッグに入れ、身体から離してはいけない。他のものを全て失っても、これだけはダメである。帰国して、重量がかさむ場合、空港から宅配便で荷物を自宅に送ることもあるが、ノートとフィルムだけはショルダーバッグに入れて持ち帰ることが基本である。二週間の時間をかけ、かなりのお金をかけた「現場」調査で、一番大切なものは自分だけのノートとフィルムであることはいうまでもない。

Ⅱ いざ、現地へ――モンゴル二週間調査

調査の最終日、ゲルを借りてのヒアリング。

二〇〇一年九月一日土曜日、ようやく、私たち「モンゴル産業調査団」は、関西国際空港からウランバートルに向けて出発した。調査団全体のメンバーは六人となった。ただし、九月一五日までの全行程をこなすのは私と西澤氏の二人であり、前半一週間に真田氏、長谷部氏が入り、後半一週間には墨田区役所の中山誠氏（一九六六年生まれ）、㈶北海道東北地域総合研究所の鈴木眞人氏（六一年生まれ）が参加することになった。前半、後半共に四人ずつという態勢である。二週間の過激な海外「現場」調査の場合、五人前後のメンバー編成が一番良い。一人、二人でやると、だんだんウンザリしてくる場合が少なくない。

後半戦に参加する中山氏は、二〇〇〇年夏の深圳〜東莞、二〇〇一年夏の一橋大学関ゼミ無錫合宿に次いで三回目の参加となった。私たちのスタイルの海外「現場」調査がすっかり気に入ったようである。鈴木氏は私たちのプロジェクトには初めての参加となる。特に、中山氏は有給休暇は全部これに投入していると言っている。

航空会社はモンゴル航空、機材はエアバス320―400であった。午後二時関西国際空港出発の予定が、何があったかわからないが、三時一五分の離陸となった。約三〇〇の座席は満席であり、モンゴル人はほんの数人、むしろ、年配の日本人男性の観光ツアーが目立ち、なぜか若い日本人女性も多かった。逆に、世界のどこにでも出かけている中高年婦人やビジネスマンはほとんど見当たらず、中年日本人男性は私たちだけ。なんとも興味深い構成であった。さらに、途中の機内食に出てきたバターはオーストラリア製、チョコレートは韓国ロッテ製、そして、ビールはシンガポールのタイガーであった。産業調査に向かう私たちからすれば、これらはまさにモンゴルの現状を象徴するものと理解された。

狭い座席のエコノミークラス症候群に悩まされながら、標高一三五〇メートルのウランバートル空港へは午後七時二五分に到着。四時間一〇分で来たことになる。日本とモンゴルの時差は冬期は一時間遅れ、夏期である九月は時差無しという。ターミナルを出るとウランバートルは極めて爽やかであり、気温は二五度、東京の夕方五時ごろの雰囲気であった。そして、その時は気がつかなかったのだが、この「時差無し」が、後々、私たちを戸惑わせていくことになる。

1 休日に、まず輪郭をつかむ

航空便の都合から、土曜日の夕方にウランバートル入りした私たちは、翌日曜日は現地の受け皿となったモンゴル・日本経済促進センター（MJEDセンター）代表のウルジィー女史の案内により、市内視察、郊外視察に出かけることにした。MJEDセンター側はなかなか活発であり、期間中、常にそうであったのだが、代表理事の鈴木宏氏も、時々合流してくる。このウルジィーさんと鈴木宏氏のコンビが、MJEDセンターを運営している。二人とも日本（横浜）とウランバートルを頻繁に行き来している。この二人を水先案内人として、私たちのモンゴル産業調査が始まった。

†大草原の国の不思議な世界

まず、前哨戦の九月二日の日曜日、全人口二四〇万人のうちの三分の一が住むというウランバートル市内を巡り、さらに車で郊外に出かけて二時間ほど回ってみた。ウランバートル市の旧市内は旧ソ連時代に形成されたロシア風の街並みであり、公共施設の展開の仕方、七階程度の集合住宅の建て方は、旧ソ連圏全体のどこの地方中心都市にも共通するものであった。だが、体制の転換後、やはり道路のメンテナンスは悪く、ウランバートルの道路は穴ボコだらけであった。車の通行にはまことに都合が悪い。

市民にとっては、トロリーバスが主要な大衆交通手段であり、また、日本製の四輪駆動車も目立った。郊外に出るには、四輪駆動車が不可欠なのであろう。とにかく、ウランバートルを一歩外に出ると、延々と大草原が続き、放牧されている羊、牛、馬、さらにラクダが草を食《は》んでいる姿が拡がっている。日本人がイメージする大草原と放牧民は、ウランバートル市街地の外に限り無く展開しているのであった。

　地元の人びとは、ウランバートルは人口八〇万人というのだが、旧市街地は日本の空間イメージでは二〇〜三〇万人の都市規模にしかすぎない。郊外というよりも旧市街地の周りが、近年、急速に宅地化し、七階ほどの集合住宅に加え、地方から移り住んできたゲル住宅（中国語のパオ）が密集していた。都心の中層住宅団地の庭にもゲルが侵入、不思議な景観を作り上げている。

ウランバートルの中心部

大草原の牛、遠景はラクダの群れ

　ウランバートルには、結局、一二日間滞在したのだが、毎日、あちこちに出向いていると、見慣れた景色が多くなり、旧市街地から周囲を含めて、ほぼ視野に入るコンパクトな都市であることが理解される。日本でいえば、秋田市、福井市といった

旧市街地周辺のゲルの密集地帯（ウランバートル）

空間スケールであろう。自転車やバイクはほとんど見かけず、人びとはひたすら歩くか、トロリーバスを待っているのである。

ウランバートルの中心部は洒落たロシア風建造物が並び、レストラン、コーヒーショップなども展開、宝石やファッション製品を販売する洒落た店も軒を連ねている。中心部の若者たちのファッションは日本と全く同じであり、茶髪も多く、ディスコを楽しんでいた。他方で「マンホールの子供たち」（ホームレスの子供たち）の話は以前から聞いていたが、それほど目立つものでもない。彼らは五〇〇人ほどといわれ、福祉施設などに保護されている。それでも、毎日、一人、二人は見かけることになる。

中心部の国営デパートの品物は豊富だが、大半は外国製品で占められていた。一般の消費財はロシア、東欧のものが多く、家電製品は日本製、韓国製、中国製が目立つ。長年、中国の「現場」に馴染んだ目からすると、中国発展の一つの起点になった鄧小平による

「南巡講話」の年である九二年ごろの中国の雰囲気を強く感じさせられた。宿泊した高級ホテルとされる部屋は、東芝のテレビ、NECの電話機、三洋電機の冷蔵庫、フィリップスの湯沸器があり、洗面台やバスタブは中国製であった。こうした製品は全て輸入であり、国産化はされていない。街中のレストランで見かける空調機は中国の海爾（ハイアール）、また、テレビは誰に聞いても正体不明のAKIRA・JAPANというブランドが横行していた。AKIHABARAの略ではないかとの声も聞こえていた。

洒落た店も増えている（ウランバートル）

自動車はさほど多くはないが、地元では、商用車を含めて七〇％程度はロシア製といわれていた。トラックは大半がロシア製。また、マイクロバスは車高の高いロシア製でないと、舗装道路の少ないこの国では使いづらいのかもしれない。そして、ウランバートルでは、タクシーは韓国現代製の小型車エクセルが価格が安いという理由から採用されていた。日本車は四輪駆動車で優勢を占めており、大半は中古車ながらも、三菱のパジェロ、トヨタのランドクルーザーが人気の的であった。

「大草原と遊牧民の国」として知られているモンゴルも、一九二一年以来の社会主義国家建設の長い歩みの中で、実は相当に都市化が進んでいたのであった。一九三〇年のころは全人口の八二%が遊牧民とされていたが、現在では非都市住民が四四%に低下、その分、都市住民が増加している。特に、九〇年代初期の体制転換により市場経済の国になったモンゴルでは、この一〇年の間に一気に都市化が進行、外国製品の大量流入により、生活様式も大きく変わってきたのである。

このような中で、モンゴルの市場経済化、近代産業化はどのように進んでいるのか。また、社会主義からの転換により、かつての国営企業はどのようになっているのか、さらに、中間層としての中小企業が成立しているのか。日曜日の一日を歩いただけで、いくつかのテーマを見つけることができたのであった。

†時差無しと、食事に戸惑う

海外「現地」調査を実施する場合、「時差」はおおいに気になるところである。東アジアの場合は中国、台湾、シンガポール、クアラルンプールでせいぜい一時間遅れ、バンコク、ジャカルタで二時間遅れにすぎず、ほとんど気になることもない。むしろ、気分の高揚している初日は、一〜二時間を得した気分になり、夜更けまで大騒ぎとなる。この点、「モンゴルは時差無しだから、全く問題がない」と思ったことが最初の誤りだった。九月初旬でもモンゴルの夜は九時ごろまで明るい。朝は八時をすぎないと太陽が顔を出さない。だが、社会は形式上、朝九時ごろから始まり、夕方六時ごろには終わるのである。

当方は、少なくとも朝九時には企業に入り、午前中は一二時まで、午後は一時から五時、六時までと考えていたのだが、これが、なかなかそのようにはいかなかった。小中学校は朝八時四〇分開始のようだが、実際に街が動きだすのは午前一〇時半ごろ、午後の終わりは八時でも九時でもよさそうなのである。夕食は九時、一〇時が当たり前。知り合いになった家庭には夜の一〇時半に招待され、食事が終わったのは午前一時半であった。時差がないのに、実際には二〜三時間の時差があるのである。だが、当方は時計通りに、朝七時には起床、夜は一二時ごろには床につきたい。二時、三時に寝て、八時、九時に起きればよいのかもしれないが、そうはいかない。このズレはじわじわとボディブローのように効いてきて、食事の「重さ」と相まってだんだん体力が消耗していくことになる。こんな経験は初めてであった。前半戦のメンバーであった長谷部氏は初日からお腹を壊し、脂汗をしたたらせながら、一週間悶え苦しみ、倒れ込むかのように出国ゲートに消え、九月八日には帰国していったのであった。

だが、残された私たちは消耗しながら、目標四〇〜五〇件をこなさなくてはならない。数日で先方の手の内もわかり始め、無理やり九時に押しかけ、夕方は時間無制限で対応することもよしとした。むしろ、「モンゴル時間」といわれる曖昧さを利用させてもらいながら、一日六件、一二時間のマラソン・ヒアリングを実施したこともある。一日で一二時間のヒアリングは、私の最長記録かもしれない。実に満足し、かつ消耗したのであった。

また、モンゴルの食事にも苦労した。私はどこの国に行っても食事は全く問題がないと思っていたのだが、モンゴルは勝手が違った。嫌い、好きの問題ではないのである。なにしろ「重い」のである。羊肉のスープ、巨大な肉料理（羊、牛）。野菜はポテトサラダと貧弱なトマト程度。二〜三日は「旨い、旨い」とビールとウォッカをガブ飲みし、豪快に平らげた。いつものパターンであった。だが、三日をすぎるころになると、見るのも嫌になってきた。身体の中に何か「重い」ものがズシンと横たわっているのである。また、深夜に本格的に食べることにも慣れていない。ツアー客の場合は、時間がキチンとし、料理も日本人向きにアレンジされている。だが、地元に合わせざるをえず、連日、大宴会となる私たちは、そうはいかない。この一五年間、海外で一度もお腹を壊したこともなく、周囲からは「鉄壁の胃袋」と呆れられていた私も、今回だけは往生した。お腹は順調なのだが、鉛状になった内臓を抱え、足を引きずりながらの企業訪問となったのである。

時差無しと重い食事、これが今回のモンゴル「現場」調査の最大の障壁となっていったのであった。

†「現地」で病気にならないためには

なお、海外「現場」調査となると、病気、特に「お腹を壊す」とロクなことにならない。万全の体制が必要である。私自身はこれまで一度も「現場」で病気になったことはない。実は、相当に気を配っている。水道の水は湯冷ましでなければ飲まない。ペットボトルの水も路上の屋台などでは買わない。中身が入れ替えられている場合もある。水はホテルの売店かそこそこのスーパーで買う。路上で売っているアイスクリーム、ジュース等は絶対に買わない。食事の場合は、屋台でも食べるが、出てきた料理を睨み、油等に負けそうと判断した時には、油を落とし、一口しか食べない。ウイスキーの水割りはとらない。お湯割りにする。氷が危ない。何よりも、食べすぎないことが必要である。

学生たちを連れていくと、ほぼ全員がお腹を壊す。自己管理が十分でないのと、周囲の環境に圧倒され、気持ちがマイナスになっていることが問題を発生させる。そこに慣れない油料理が加わると、確実にお腹を壊す。雰囲気負け、油負けが多いように思う。実際、同じものを食べても、私は大丈夫である。気持ちをプラスにし、注意深く観察することがなによりである。

お腹を壊した程度であれば、薬を飲ませて寝かせておけば二〜三日で治る。ただし、私の経験の中では、五〜六年前に一度だけ同行者が上海の浦東新区で深刻な事態に直面したことがある。夜半に下痢になり、身体が硬直化し、どんどん体温を失っていった。即、病院に送り込んだが、まるで野戦病院のような粗末な所であった。なかなか治療してくれず慌てたが、解毒剤を注射してもらい、硬直が取れてほっとした。翌朝には無理やり帰国させた。日本で二週間ほど入院したようである。彼は二年ほど上海に留学しており、甘く見ていたのではないかと思う。その日の夕食は私たちとは別に現地の友人ととっていた。現地の人には抵抗力があるが、外国人はよほど注意して対応していかなくてはならない。

また、二〇〇一年八月の無錫のゼミ合宿の際には、一人の学生がかなりひどい下痢となった。警告していたのだが、よほど旨そうに見えたのであろう、路上でオレンジジュースを買って飲んだのだという。即、入院させた。ただし、時代が相当変わっており、外国人向けの病棟ができており、まるでホテル並みの施設であった。治療も敏速かつ的確であり、注射と点滴を終えた彼は一泊もしないで夜には戻り、翌日は何事もなかったかのように、ヒアリングに精を出していた。若者の回復力には驚嘆した。

海外で病気になることはまことに辛いことだ。予想し難い深刻な病気は別にして、よくありがちな下痢などに対しては、精神力と注意深い対応以外に処方箋はない。周囲の事情をじっくり観察し、危ないものには手を出さないことであり、美味しいといって食べすぎないことである。これ以外のやり方はなさそうである。

2　さて、企業調査の開始

九月三日、月曜日。爽やかな朝、一気に秋が深まりつつある。日本の一一月初旬の感じだ。昨日、市場でトレーナーを買っておいてよかった。隠し球のテニスボールのマッサージが良く効き、絶好調の気分である。まだ、何の予定も立っていないが、今日から企業ヒアリングが始まる。しばし状況に身を委ねているしかない。一〇時すぎにウルジィーさんが中古のパジェロで迎えに来た。取りあえず、国の投資・貿易庁に行き、モンゴル経済全体の概要説明を受けるとのことだ。

庁舎に入っても、まだ本格始動していない雰囲気であった。一〇時半すぎにようやく副総裁のオットンバ氏に会える。かなり立ち入ったところまで話が及び、モンゴルの産業状況、外国投資・貿易状況等が理解された。以後、面談する方々はいずれも論理的かつ積極的であり、実に腹蔵なく、本音のところを話してくれた。それは、モンゴルの指導的立場にある方々に共通する資質なのか、あるいは、アレンジをしてくれたＭＪＥＤセンターの力量なのか、おそらくその両方なのであろう。出だしはやや遅かったが、まずは出足好調との印象を深めた。

†二日ほどの企業訪問でわかったこと

投資・貿易庁では、もう少し時間が欲しいと思ったのだが、昼になったのでヒアリングは終わらせた。まだ、モンゴルは三日目、昼食は元気にビールを飲みながら肉料理をモリモリ平らげた。ウルジィーさんは食事をしながら携帯電話で次の訪問先を決めていく。次は三時三〇分に民間銀行で一番の評価を得ているゴルムト銀行を訪問するという。なんとも悠長な話だ。また、一二時にヒアリングを終えたのは私の勇み足で、モンゴルでは昼休みは一時から二時までであった。良くわかった。朝は遅いが、昼も時差があるのである。

ゴルムト銀行ではモンゴルの金融全体の説明を受けたが、資金が不足し、仕組みも十分できていない、いわゆる「移行期」にあり、機能不全の状況にあることが痛感された。企業への貸出は最長でも一年以内、年利は三〇％を超えていた。まるで中国の八〇年代、あるいは日本の「野麦峠」のころのようであった。金利水準は経済が順調に動き出し、制度的に安定し始めると劇的に下がっていくのであり、モンゴルの現状はその前夜というべきものであるように見えた。現状では、小口の商売を営んでいる方々は日常の運転資金にも事欠いていることが懸念された。こうした点の掘り込みには、東京三菱銀行出身の真田氏がいると実にうまくいき、金融関係の問題を見事に引き剝がしてくれる。有り難い。

すでに午後五時三〇分。今日はこれで終わりかと思っていたが、これからもう一件入るという。MCSと名乗るエネルギー関連のシステムを手がけているベンチャー企業を訪問する。五時にアポイントをとっていたらしいのだが、私たちが三〇〜四〇分ほど遅れたため、社長は外出してしまい、スレンダーな美人秘書から説明を受けることになった。これもまた良し。モダンな自社ビルを構え、賢そうな若者たちがコンピュータを前に作業をしていた。まるでシンガポールあたりのオフィスの印象であった。ここはモンゴルでも最優良なベンチャー企業であることが実感された。六時三〇分ごろには失礼した。ここのところは、しばらくは、

MCSのフロアの受付

MJEDセンターのアレンジに任せておくしかない。

九月四日、火曜日、実質二日目。迎えは一〇時三〇分となり、モンゴル商工会議所には一〇時五〇分に入った。モンゴルでは、このくらいの時間が世の中のスタートのようであった。会議所ではヤンサンジャフ副会頭に会う。初日の経験から一時まではOKとみて、二時間体制でのぞむ。会議所は私たちの調査団のカウンターパートでもあり、民間サイドから見たモンゴルの産業、企業事情を詳細に話してくれた。初日の投資・貿易庁と合わせ、モンゴルの全体の構図を俯瞰することができたように思う。また、MJEDセンターは、このモンゴル商工会議所の傘下にあることから、この場でようやく今回の調査の訪問企業の基本的な調整が行われた。私たちから毎日要望を受け、その日その日、個々の訪問企業と調整するということのようであった。

午後は二時三〇分スタート。木工・家具企業のオチルと骨粉加工のトゥーヤの二社を訪問した。もう夕方でも全く気にならなくなってきた。この二社は九〇年代初頭の体制転換

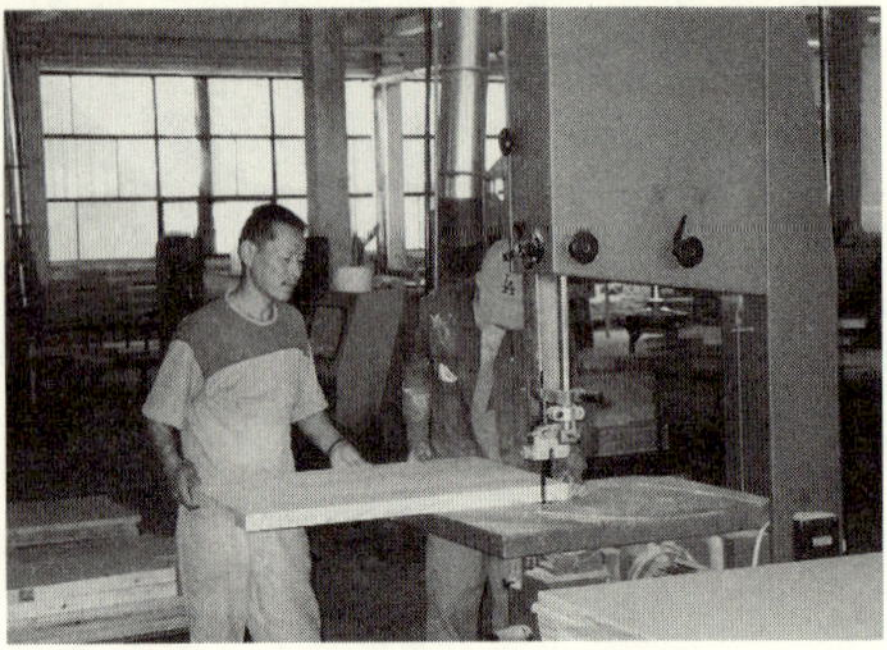

家具工場（オチル）の作業場

後にスタートした民営企業であり、それぞれ新たな事業領域を切り開き、地元でも注目されていた。オチルはシベリアから木材を入れ、製材、木工家具製品に展開していた。将来はモスクワ〜イルクーツク〜ウランバートル〜北京の鉄道を利用し、オリンピックに沸く北京に家具を売り込むことを狙っていた。また、トゥーヤはモンゴルで大量に発生する家畜の骨のリサイクルを意識し、石鹼、骨粉を生産していた。骨の回収に、職のない人びとを起用するなど経営者の志も高く、地元で深く尊敬されていることが伝わってきた。

モンゴル・ベースの二日間の企業訪問を終え、一つに時間感覚の違いが深く実感された。朝は遅く、後ろはかなりの融通が効くということであり、アポイントは当日可能、さらに、一時間ほど遅れても何の問題もないということがわかった。また、投資・貿易庁、商工会議所、ゴルムト銀行といったモンゴル経済の中枢部分から全体の枠組みを紹介され、大きく構えながら、調査期間中にジグソーパズルを埋めるかのように企業訪問を重ねるべき、という点も理解された。なにも慌てることはない。このようなやり方は私たちの最も得意とするものであり、この二日間で全体の調査方針と、要望の出し方が見えてきた。

大きく見れば、連日、私たちの訪問したいところは強引にMJEDセンター側に伝え、投資・貿易庁、会議所のルートをとにかく利用し、ねじ込んでいくというやり方になりそうなことが理解された。その場合、ポイントとなるのは、同行したり、あるいは、時々様子を見に来るウルジィーさん、鈴木氏に「私たちの調査がモンゴル側の利益になっている」という点を理解してもらうことであろう。そのためのヒアリングのパターンは、ただ相手の事情を聴くだけでなく、経営上の改善すべき点の指摘、世界からアジアにかけての情勢の中での当該企業の位置づけ、向かうべき方向を「提案」していくことが不可欠となる。そうした緊迫したヒアリングを重ねていくにしたがい、関係者のテンションはどんどん上昇し、調査全体が大きな盛り上がりを見せ、皆が「良かった」という結果にたどり着けるのである。このあたりの演出力と、コンサルティングの実力が問われることになる。いうまでもなく、「現場」調査とは片方向のものではなく、双方向のものなのである。

†私たちの水先案内人、鈴木氏とウルジィーさん

モンゴルに来て、すでに四日が経ってしまったが、そろそろ、私たちの水先案内人である鈴木宏氏とウルジィーさんのプロフィールを簡単に紹介しておく必要がありそうである。何といっても、私たちのような密度の濃い「現場」調査を実施しようとするならば、強力な水先案内人がいなければ不可能なのである。

鈴木宏氏（六〇年生まれ）は、早稲田大学野球部の三塁手として活躍していたが、足は速いものの、小柄であることからレギュラーになれず、三年で中退している。早稲田大学

では中退の人の方が興味深い人生を送るといわれているが、鈴木氏もその典型である。社会人としてのスタートのころは苦労を重ねたようだが、二〇歳代の後半には、三年ほど中国深圳の工場を任されていたという。その後、出版社に転じ、たまたま北海道大学教授のモンゴル関係の著書の編集を担当することになる。それがモンゴルとの出会いであった。その後、何人かのモンゴル人と知り合う中でモンゴルへの関心が深まっていった。

バブル経済のころは勤めている出版社も好調に推移し、余剰金を利益率の高そうなモンゴルに投入し、運用を図った。当初は運用益も出てハッピーな気分となり追加投資も進めたが、その後、モンゴル経済が停滞し、資金回収も困難になっていく。そして、その取立役として鈴木氏が初めてモンゴルにおもむくことになる。九二年のことであった。鈴木氏は現地で必死に取り立てにかかるが、誰も返済してくれない。大使館、モンゴル政府、商工会議所等、あらゆるルートを探るが不調に終わる。だが、このプロセスの中で、商工会議所会頭やウルジィーさんと出会い、深い信頼関係を形成していくことになる。

モンゴルは九一年の体制転換以来の大変革のまっただ中にあり、「何か面白いことをやったら」と勧められ、会議所の全面支援をうけながら、ウルジィーさんと二人で九八年、MJEDセンターの開設にこぎつけた。当時、体制転換から一〇年近くになるモンゴルでは、対外関係の充実を意識し、特に、日本との密接な経済交流を願っていた。その媒介促

ウルジィーさんと鈴木宏氏

進的な役割としてMJEDセンターが位置づけられていくのであった。

　他方、年齢不詳のウルジィーさんは、レニングラード大学に留学し、また、九一年から九五年まで専修大学経済学部に留学していた。そのころ、専修大学には故青木信治教授という方がおられ、モンゴルからの留学生を意欲的に招き入れていた。ウルジィーさんは、その第二期生であった。この九一年から九五年といえば、私が専修大学商学部の非常勤講師をしていたころであり、同じ時期に同じキャンパスを歩いていたことになる。そんなことから、ウルジィーさんとは、一気に仲良くなってしまった。彼女はロシア語に加え日本語も完璧であり、顔だちも含めて、話している限り外国人とは思えない。むしろ、鈴木氏とウルジィーさんとが一緒にいると、モンゴルにはまってしまっている鈴木氏がモンゴル人、ウルジィーさんが日本人であるかのように見える。

　そして、このウルジィーさんのモンゴル国内における人脈の太さは並大抵のものではないことが痛感された。大統領、首相から国会議員、さらに会議所、有力企業の経営者は全て把握しているように見えた。周囲からは「将来は外務大臣」といった声も聞こえていた。それだけの力量のある方だと思える。私たちの企業ヒアリングの最中に、時々、ウルジィーさんが様子をうかがいに来るが、経営者は大歓迎であり「どうして早く来ないのか」とエールを贈っていたことも印象深い。私たちは一五日間に四〇人以上の経営者、幹部と会い、さらに数人の国会議員、前大蔵大臣なども会食したが、ウルジィーさんは常に話題の中心におり、モンゴルの有力者の間ではたいへん可愛がられていることが確認できたのであった。

この二人が水先案内人に立つからこそ、私たちの我が儘がかなり通ることになったのであろう。逆に、これだけの対応を示してくれた二人に対し、私たち調査団はキチンとした成果を提供し、さらに「一生もの」として交流を深めていかなくてはならない。「現場」調査は「出会いの場」であり、お互いの「志」を確認し、さらに一歩踏み出していくための一つの「通過点」であることはいうまでもないのである。

3　海外「現場」調査の基本

実質二日間の助走期間を終え、次第に、MJEDセンター側も本気になり始めた。時々、同席する鈴木氏も「この団は違う」と言い始めた。実質三日目は、無理やり商工会議所が経営する日本語学校に九時三〇分に送り込まれた。たまたま夏期休暇中であり動いてはいなかったが、待機していた担当者からは、それなりの話を聞くことができた。

この日は、日本留学経験者が経営する自動車修理のモンニチ、有名な国有カシミヤ工場のゴビ、野菜生産販売の韓国系企業のオリエント・グリーン、新進気鋭のカシミヤ企業のブヤン、韓国系の通信企業のスカイテルを含めて、終日、六カ所でヒアリングを実施できた。ようやく軌道に乗り始めたようであった。有力輸出型地場産品のカシミヤ企業、韓国系企業、そして、やや日系に近い企業と、当方の要望に十分に応えてくれたのである。

†まず、「現場」から入る

すでに先の序で、「現場」調査の基本となるべき点をお話しした。「対話」と「提案」が基本、わからないことはとことん聞く、相手の話したいと思っていることを引き出す、二〇〜三〇社回ったら、同じ質問などせず、違う話を引き出し、全体の構成を大きなものにしていくなどはいずれの局面でも共通する。そうした点を十分意識しながら、ここでは、海外編、モンゴル編の場合を事例に、その留意すべき点を指摘しておくことにしたい。

名門カシミヤ工場のゴビ（ウランバートル）

国内でもそうなのだが、工場調査を実施する場合、訪問してエールを交換した後、細かな話を聞く前に、作業現場、倉庫等を詳細に見ることから始めることが好ましい。実際の「作業現場」には実に多くのことが詰め込まれているのである。経営者、ないし工場長に案内されながら、わからないことはどんどん聞いていくしかない。機械や素材、製品には特に興味を注ぎ、一つひとつ自分の知識を蓄積していくことがなによりである。知識と経験が深まるほどに、見えてくるものが違ってくる。最初は仕方がない。経験を一つひとつ重ねるしかない。

例えば、私は文科系の経済学部出身のため、しばらくは機械のことが全く わからなかった。三〇歳のころ、

「この道で生きる」ことを意思決定し、なんとしてでも機械のことが知りたくなった。そのため、先輩の日本大学理工学部機械科の西村哲教授の研究室を訪問し、「思い」を伝えると、まず「工業高校の機械と電気の教科書、三年分、六冊を買い求め、勉強しろ」と言われた。早速、六冊を手に入れ、夢中に勉強した。私の場合は、当時、地方公務員であり中小企業の経営指導に携わっていたことから、不明な点は各地の「現場」の方々に教えてもらうことができた。

半年程度で六冊が一通り終わり、改めて教授を訪問し「次はなにをやればよいのでしょうか」と尋ねた。教授は「君は図面までは描かないのだろう。大学の機械科のテキストである『機械製作法』ないし『機械工作法』というタイトルの本で勉強しなさい」と指導された。帰り際に書店におもむくと、書棚一杯にそうした書籍が詰まっていたが、情報量の多そうな一冊を手に取り、数年、カバンの中に入れていたものであった。

要は、文科系出身か理科系出身かといった問題ではなく、やる気にかかっているのである。若い時代にこうしたトレーニングを重ねてきた私は、現在では、機械工場に入り、一目見ただけで、経営者の目指しているところは何かが理解できるようになっている。また、慣れてくると、ポイントの機械や、企業が自信を持って作ったものはどれか、などが見えてくる。工場内を歩きながら、そうした点に何気なくふれると、経営者の態度が急に変わり、実に親密になり、いろいろなことを教えてくれるのである。

特に、外国の場合は、見慣れない機械や材料がある。モンゴルには友好国のロシア、東欧製の私たちの見慣れない機械が大量に入っている。それを一台一台、確認しながら、新たな知識を増やしていくことができる。工場「現場」で一定の話ができるようになると、戻ってきた応接間での話は一段と高いレベルのものになることは間違いない。また、応接室の隅に放り出してある部品などに注目し、複雑な形状のものを「どうやって作ったのか」と問いかけると、多くの経営者は急に嬉しそうな顔になり、もう一つ踏み込んだ話が可能になっていくのである。まずは「現場」を見てからが出発点のようである。

国営パン工場（ウランバートル）

香港資本のアメリカ輸出向けシャツ縫製工場（ウランバートル）

†「現場」の写真の撮り方

私は「現場」調査の場合は、国内、海外に関わりなく、大量に写真を撮ることにしている。工場の建屋、周辺地域状況、工場の中の機械、作業風景、掲示物、製品、さらに、できれば経営者の顔も撮りまくっている。特に、二週間で四〇～五〇工場を回るような海外「現場」調査の場合、一カ所にかけられるのは二時間程度である。この限られた枠の中で、ヒアリングはポイントとなる点にエネルギーを集中して進めるため、周辺情報が欠けてくる。そうした意味で、写真はメモの一つであり、後々、調査を再現して、文章にまとめ上げていく際の有力な材料となる。あくまで、メモと同じだという考え方である。

私は、二週間だとほぼ五〇〇枚は撮影する。調査団の記念写真、観光スポットの写真は全く撮らない。したがって、海外調査から帰ってきて、家族に写真を見せようとしても、何年も前から誰も見てくれない。ひたすら、私の書斎の隅に積み上がっていくのみである。だが、なぐり書きしたノートと写真があれば、相当のレベルで数年前の「現場」を再現していくことは可能である。

ただし、海外で「現場」写真を撮ることは容易でない。建物の外観程度はそれほど問題にならないが、その隅に人物が入ったりすると、問題が生じることもある。私も相当注意しているのだが、過去に何度か激しくクレームをつけられフィルムを取り上げられたことがある。最近では撮り方も注意し、さらに、ポケットに未使用のフィルムの巻き上げたものを一本入れておき、トラブルの際はそれを差し出すようにしている。海外の観光地以外の普通の場所では、外国人は簡単には写真を撮ってはならないのである。

企業を訪問し、ドアを入り、相手の責任者（経営者など）と接触するまでは写真は禁物である。責任者と握手をして、初めてその「場」に受け入れられる。そして、時間が経過する中で、受け入れられる「場」が拡がっていく。そこで初めて写真が可能になる。ただし、その目に見えない「場」の広がりの中においてのみ、許される行為となろう。そのバリアが見えるか、見えないかはその人の資質、見識によるであろう。これも経験が要るのかもしれない。

工場「現場」で撮影する場合、学生や若い研究者には「必ず相手の了解を取れ」と指導している。彼らにはまだ「場」の広がりが見えていないから、自分で判断させるのは危険なのである。

では、私の場合はどうか。「ここは絶対大丈夫だな」と思われる場合と、「ここは絶対ダメだな」と思える場合には、了解を取る。そして、ほぼ予想通りの結果となる。むしろ、どちらとも判断がつかない場合には、ストロボを使わずに「現場」で写真を撮り始める。

相手が「ダメだ」と言いだすころには、一〇枚は撮ってある。ダメとなったら、その後は、経営者の記念写真を撮りたいと申し出、良い背景の場所に立ってもらい、当方は少し遠目に立ちながら、広角で背景を重点的に撮るのである。また、こちらが写真を撮っていることを認識しても何もいわない場合は、その後、堂々とストロボを焚いて撮り続けていくのである。

一般的な傾向だが、自信のある企業は「バチバチ撮って、皆に宣伝して下さい」くらいのことは言うが、自信のない企業ほど拒否する傾向が強いようである。ただし、軍事系の工場では禁物である。その企業の判断ではなく、防衛関係部局の了解を得なければならないことにも注意が必要である。

以上のように、「現場」での写真はメモとして重要なものだが、意外にトラブルの種になりやすい。状況をわきまえながら、適切な対応をしていく必要がある。

†通訳の問題

海外「現場」調査の場合、通訳者の問題が極めて重要になる。少しばかりの外国語を話せても、細かいヒアリングでは用をなさない。こちらの意図を的確に伝え、また、相手の言葉を正しく表現できる有能な通訳がどうしても必要になる。

私の場合、第一番目の基本原則として、厳しい「現場」調査になることが予想される場合、日本人通訳は起用しないようにしている。かつて、中国の「現場」である経験をしたことがある。こちらの質問に対する答えが微妙にズレているので、もう一度やってくれと頼むと、「いまやったじゃないですか」と日本人通訳が応えてきた。私は、通訳者は内容を判断すべきではなく、正確に伝えることが仕事であると考えている。判断するのは私なのである。また、長くこうした仕事をしていると、「日本人通訳者は日本語が巧すぎる」点に問題があることが痛感されてくる。戻ってくる日本語の答えが完璧にすぎ、問題点が見えにくい。妙にまとまってくるのである。そのため、当方が勝手に納得してしまうことが少なくない。もちろん、通訳者の語学レベル、人格により異なるのであろうが、相手の言葉が全くわからない場合、こうした懸念から逃れられない。

この点、九〇年ごろ、中国大連で興味深い経験をしたことがある。ある総合商社からの依頼で、一週間ほどにわたって中国側との厳しい折衝の代表を務めさせられた。日本側には私と先の西澤氏、さらにその総合商社の中国部からの精鋭数人、現地の駐在員等が配置され、そして、通訳は日本に住んでいる若い中国人が担当することになった。質問は私と西澤氏が行い、どんどん問題を詰めていく。その間、ネイティブに近い中国語を話す総合商社の精鋭たちは一言も発しない。私は中国人通訳を駆使し、細かいところまで踏み込んでいく。質問に対する答えの微妙なブレを見落とさず、何度も角度を変えて同じ質問を繰り返す。日本人通訳であれば、このあたりで音を上げるであろう。だが、中国人通訳の場合は、相当日本語が巧くても、どこかに自信がない。汗だくになって正確に伝えようとする。

この間、総合商社の精鋭たちは黙って見ているだけである。そして、解きほぐしができないほどグチャグチャになってから、初めて口を開く。「先ほどのポイントのところまで戻って、もう一度やって下さい」と言うのである。さすがに世界を股に掛けてきた総合商社のノウハウは違うと感心した。真剣勝負の世界では、これほどの厳密性が求められているのである。

このような経験をした後、私は「一生もの」のいくつかの地域には、私の考え方や言葉の好みを十分に理解できる通訳者を確保すべきと考え、共に育ってきた。特に、中国大連、上海では、抜群の能力を有する通訳者に協力をいただいている。こうしたことには、実は相当の時間がかかるのである。

今回のモンゴル調査の場合、第一回目であり、また、それほどの厳密な仕事ではないことから、モンゴルの通訳者のレベルの確認を含めて、MJEDセンターに任せておいた。前半一週間はモンゴル国立大学日本語科卒業で、日本の北海道大学に一年留学経験のあるチンバット君、後半の一週間は同じ日本語科卒業の女性のオユーラさんであり、いずれも二五歳前後の若者であった。二人とも全く浮わついたところがなく、じっと聞いて咀嚼し、正しく伝えようとしているところに好感が持てた。まだ二人とも若く、これから経験を積んでいく必要は大きいが、将来の豊かさを感じさせられた。ただし、彼らは、将来も日本語通訳で生きるとは考えておらず、それぞれの専門分野に向かって突き進もうとしている。地域ごとに、いつでも頼める優秀な通訳を確保しておくことは、海外「現場」調査を日常的に行っていくものにとっては一つの大きな課題になっていくであろう。

4　急に、地方都市の調査に向かう

ウランバートルでの企業調査の四日目から六日目（土曜日）まで、アポイントがこちらの要望通り順調に入っていく。民営ビール工場、香港資本の対米輸出向けシャツ縫製工場、トヨタ車の販売・修理企業、国営パン工場、旅行会社、国営貿易発展銀行、薬草メーカー、さらに私立の法律大学などを訪問した。それぞれ現在のモンゴル産業を象徴するものであり、十分に納得のいくものであった。

四階まで四つの私立大学が入っているビル

特に、現在のウランバートルは日本の明治の中ごろの神田駿河台のような状況であり、私塾的な私立大学が一二〇校も設立されていたことが興味深かった。発展途上を象徴するかのように、法律大学、会計大学、外国語大学がしのぎを削っているのである。紹介されて訪れた法律大学は、古びた四階建の建物の三階にあり、他のフロアにも別の大学が入っているという興味深いものであった。一学年五〇人程度の私塾規模の私立大学が折り重なっていたのである。市場経済への転換以降、若者たちの就学意欲が極めて高いことを象徴する現象であろう。こうしたことが、これからのモンゴルの産業化の基礎的条件となっていくことはいうまでもない。

†北方の工業都市・ダルファン

今回のモンゴル調査は、当初、首都ウランバートル中心に考えていた。また、ウランバートル以外に見るべき地域も企業もないのではないかと考えていた。だが、ウランバートルで四〜五日調査を重ねているうちに、いろいろな情報が入ってくる。ウランバートルから北に二五〇キロのモンゴル第二の都市ダルファンはかなりの工業都市であり、さらに二〇〇キロ西の第三の都市エルデネットにはアジア最大規模の銅鉱山があるという情報も入ってきた。

ダルファンの国有製粉工場

急遽、九月九日の日曜日を移動日にして、三泊四日ほどの地方都市調査を実施することに決定する。前半のメンバーの真田氏、長谷部氏は帰国し、入れ替わりに、九月八日には中山氏、鈴木眞人氏が到着している。到着早々だが、九日の日曜日はダルファンへの移動日になった。ダルファンへの道は昨年舗装されたばかりであり、快適なドライブとなった。快晴の中、延々と大草原が続いていく。私と西澤氏はかなり消耗しており、爆睡状態であったが、新手の二人は大草原と放牧に感動しているようであった。

ダルファンは、事前のウランバートルでの情報通り、旧ソ連がモンゴルの輸出産業育成のために支援して形成した工業都市であった。大型国営の食肉工場、製粉工場、セメント工場、鉄鋼（電炉）工場、皮革製品工場の「現場」調査を実施することができた。人口約八万人というダルファンはロシア国境まで一〇〇キロの位置にあり、北方の寂しい雰囲気の工業都市であった。MJEDセンターからの連絡がうまく入っていたのであろう、九月一〇日の早朝九時に訪問したダルファン・ウルル県庁のエルデネバット長官は、多忙の中、現況説明と企業紹介を実に手際よくこなしてくれた。この日は九時の長官訪問から始まり、先の食肉工場以下の五工場の「現場」調査を終えたのは午後九時をすぎていた。昼食は三〇分程度でそそくさとこなし、実質、一二時間ヒアリングであった。長官の指令があったのか、各工場の受け入れは良く、非常にスムーズに行うことができた。

さて、明日は、さらに二〇〇キロ西の、当初考えてもいなかったモンゴル第三の都市エルデネットに行くことになる。舗装道路は最初の一部だけであり、あとは大草原のオフロードを駆け抜けることになる。

†大草原を駆け抜けて、第三の都市エルデネットへ

ダルファンからエルデネットへの二〇〇キロは、良い経験にはなったが、消耗した。約

四時間をかけて九月一一日の午後一時ごろ到着した。人口は約七万人、うち、鉱山技術者のロシア人が二〇〇〇人とされ、七〇年代中ごろに銅鉱山を軸に新たに建設されたエルデネットは、旧ソ連の都市計画の粋が込められている見事な街並みであった。ここは一一日の午後に著名なエルデネット鉱山を訪問し、翌朝帰ろうかと考えていたのだが、意外な展開になっていくことになる。

エルデネット鉱山

ホテルが一杯で泊まれないことがわかった。ウランバートル入りした九月一日には日中は二五度ほどの温度であったが、今では早朝は一度、昼でも一〇度ほどに下がっている。秋の深まりは急ピッチであり、黄葉も始まっている。植生の関係なのか紅葉は見えず、黄葉なのである。郊外のゲルにでも頼んで泊まろうかなどと話していると、男が寄ってきて、うちのホテルに泊まれという。ついていって見ると、七階建の集合住宅の三階のワンフロアが大きく二つに分かれ、二軒分のホテルに改装されているのであった。まさに市場経済というべきであろう。名前も無く、食事も出ず、バスタブも無い奇妙なホテルであったが、ここに決め、早速、県庁に向かうことになる。どうも、県庁とはアポイントがとれていないようだ。

案内兼通訳のオユーラさんもエルデネットは二度目、我が儘集団を引き連れてたいへんなことになった。長官室の前まではたどり着いたが、中に入れる雰囲気ではない。待つこと一時間、側にいた野村沙知代さんソックリの婦人が話しかけてきて、事情を伝えると、OK、長官に紹介してくれることになった。彼女はエルデネット鉱山の福利厚生関係の部長さんであった。彼女の押しの強さには長官も断ることができず、私たちは長官室に入ることになる。椅子に座ればこっちのもの。日本からエルデネットを訪問する初の本格的な調査団とホラを吹いているうちに、わかったとの反応。明朝には帰るつもりが、今日の夕方はエルデネット鉱山、明日一日かけて五社ほど見てくれということになった。当方としては望むところである。この時点で、エルデネットには二泊と決定した。

九月一二日は雨。長官からの連絡があったのか、各社とも受け入れは順調、純銅製造工場、カシミヤ工場、絨毯工場、食品工場、さらに、中国上海資本の縫製工場の五工場を夕方までかけて「現場」調査した。充実した一日であった。このエルデネットは、たいへん興味深い点が多い都市だが、一点だけ紹介すると、都市形成にあたり、男性労働型の銅鉱山に対し、女性労働型の絨毯工場が建設され、さらに住民用の食品工場、ビール工場、ウォッカ工場が次々に計画的に編成されていったのであった。まるで、パソコンソフトの都市建設のモデルのように見えた。モンゴルのロシア国境の辺境の地に、このような興味深い地方小都市が拡がっているのであった。

5　二週間、四〇社の「現場」調査を終える

エルデネットの「現場」調査の日程を終え、一二日夜にMJEDセンターと連絡を取る。冗談交じりに、ダルファンとエルデネットで一二件のヒアリング実績を上げ、全体で三三件になった、帰国前の一三日、一四日の二日で七社を加えると目標の四〇件になる、と告げると、MJEDセンター側もエキサイトし、「よし、わかった。七件用意するから、明日は昼までにウランバートルに戻れ」ということになった。

†新中間層としての中小企業の登場

ウランバートルへは、エルデネットから四五〇キロの道のりを七〜八時間かけて戻ることになる。ダルファンまではオフロード、朝六時出発と決まる。朝食は途中の工事現場の

伝統の銀細工工場
(ウランバートル)

ゲル小屋を借りて、スープでも出してもらうことにし、パンやハムを買い込んだ。

九月一三日。早朝は気温一度。真っ暗な中を飛び出していく。太陽はなかなか出てこない。大草原がだんだん明るくなってくる。八時すぎ、ようやく太陽が出てきた。朝もやの大草原は格別だ。こんな景色は生涯見るチャンスはないであろう。ようやく一〇時に工事現場のゲル小屋にたどり着き、ほっぺの赤い娘さんに、温かいスープを出してもらった。助かった。

後は爆睡。三時三〇分にようやくウランバートルに到着した。八時間半もかかった。ホテルには鈴木氏、ウルジィーさんが待ち構えており、さあ行こうとせかされる。三〇分も休ませてくれない。当方も望むところである。

案内されたのは、市中心部の集合住宅の半地下であった。うす暗い階段を降りると、中はいくつかに仕切られており、それぞれに小さな加工工場が入っていた。やっと、それらしい中小企業に出会うことになる。こうした傾向はごく最近のことであり、小さな加工工場を起こす人は、このような住宅の半地下で創業しているのだという。日程の最終段階で、ようやくこうしたものが見えてきた。「現場」調査とはなかなかたいへんなものである。

案内された工場は、モンゴル伝統の革工芸と銀細工の二工場であった。いずれも見事な製品であり、モンゴルの伝統手工芸の良質な部分を継承しているように見えた。社会主義時代には、こうした領域は国の独占とされ、統一的に管理されていたのだが、市場経済転換以降、意欲的な若者が独立創業し、新たな可能性を探っているのであった。市場経済における新たな中間層として、このような意欲的な若者による独立創業が注目される。

†最終日、展示会で出会った中小企業

九月一四日。今日が事実上の最終日。モンゴル企業の展示会があるから行こう、と鈴木氏が誘いにきた。四〇件まであと五件。見知らぬ展示企業を引っ張り出し、四〇件にまで持っていこうというのである。私も、そのアイデアに賛成。

九時から開場ということで、九時三〇分に着いたが、ダメ。結局、一〇時三〇分に開場であった。やはりモンゴル時間。カシミヤ、絨毯、皮革製品、飲料、食品などお馴染みの企業がズラリと並んでいる。一回りして、四件ほどあたりをつけた。新建材、建設資材、イス・机・黒板などの教具、ポリ袋への印刷の四企業である。一件一件話をつけ、一時間

ほどのヒアリングに付き合ってもらうことにした。全部OKが取れた。場所をどうするかということになったが、展示会場の横に、主催者のモンゴル商工会議所のゲルが張ってある。移動性の高いゲルは本当に便利だ。その中の一部を借りようということになった。

交渉成立。ゲルの中に私たちが陣取り、四人の社長に次々に来てもらった。展示会で忙しいのに、申し訳ない。いずれも始めたばかりの中小企業であり、これからのモンゴルの中間層を形成し、新たな産業化の担い手になっていく人ばかりであった。日程の最後にこのような人びとに会えたのは幸いであった。その中から、新建材を製造している社長に工場視察をお願いすると、快く引き受けてくれた。やはりビルの半地下に作業場を展開、数人の若者が働いていたのであった。

二週間、実に長かった。消耗した。私たちと鈴木氏、ウルジィーさんとの間で、冗談のように「目標四〇件、四〇件」と唱えていたが、三九件まで来てしまった。後は、各地で噂にのぼっていた日本の総合商社の丸紅の片岡龍二郎氏を攻めればよい。モンゴル産業問題の総括的な話がうかがえるだろう。連絡すると、快諾を得た。早速、訪問し、意見交換をすることができた。名実共に四〇件が完了。ノートも四冊が埋まり、フィルムも一五本を使い切った。体力、気力も使い切った。後は、今晩のサヨナラパーティで馬鹿騒ぎして、爆睡。明日（九月一五日）は、早朝七時にホテルを出発。八時四五分のモンゴル航空機に乗れば、一二時五〇分には関西国際空港に着く。

こうして、私たちの第一回目の「モンゴル産業調査」は終わった。後は、『報告』を書くことが残されたが、さらに補充の調査が必要のようである。特に、モンゴルで一番厳しいマイナス五〇度の世界を体感することであろう。MJEDセンターの人びとに加え、各地で二〇〇二年の春に「また来る」と言ってしまった。それまでにノートを詳細に読み返し、写真を丁寧に眺め、取り残しの部分、新たに掘り起こさねばならない部分を明らかにし、今度はターゲットを明確にして踏み込んでいくことになる。モンゴルとの付き合いは、いま始まったばかりなのである。

Ⅲ 結果をまとめる

現場調査の結果は、なるべく「書籍」の形にもっていく。
共編著の刊行は、若い研究者に刺激を与え、現場との「新たな関係」を生み出す。

「現場」調査を実施すれば、当然、『報告』を書かなければならない。これがたいへんに辛い。学生に対しては、先の序で示したように、必ず翌週までにA4数枚のレポートを義務づけている。では、私の場合はどうかというと、学生には内緒にしたいことだが、実はほとんどできていない。私の各「現場」調査は「一生もの」の長期であり、長丁場の中で、適宜対応し、本格的な『報告』はタイミングを見計らって出している、あるいは、適宜、訪問中に言葉で「提案」していると、自分を慰めている。

だが、本音のところ、自分で実施してきた「現場」調査のうち半分以上は書斎の片隅で腐らせているのではないかと、絶望的な気分でもある。なんとか、全てをすくい上げ、見事にランディングできる時の来ることを願うばかりである。一つひとつの「現場」調査に対して、常に『結果』を作成することは必要なことだと思うが、今のところ、実はほとんどできていないのである。

1　資料には足が生えている

先輩たちの見事に整理された書斎、研究室などの写真をのぞくたびに、あんなに整理されていたら、さぞかし仕事がし易いだろうなと羨ましく思うことがしばしばある。私も、かつて『知的生産……』『……整理法』などのベストセラーを読み、やってみようと思い、カードやファイルを買い込んで試したこともあるが、ほとんど続かなかった。生来の不精と諦め、現在では、「もう、整理はしない」「整理なんかしない方がよい」「整理なんかするから、かえって仕事ができない」などと不貞腐れている。

†カードシステムの挫折

実は、私は二〇歳代半ばから三五歳のころまで、必死にカード・システムを取り入れていた時期があった。カードは大きく分けて二種類であり、図書館によく置いてある丸善の「図書カード」と京大型とされる「B6カード（罫線付きと白地）」である。私の当時の関心は産業組織論や開発経済学などであり、まだまだ読まなければならない書籍、論文等が膨大な数に上っていた。

「図書カード」はそのためのチェックに必要とされ、自分の関心の及ぶ範囲の文献を全て記載しようと意気込んでいた。時間のある時は大学図書館、その他の専門図書館におもむき、あらゆる雑誌等のバックナンバーから文献を探し出し、一論文一枚の「図書カード」を作成していった。それを細かなテーマに分け、カードのファイルボックスに整理し、蓄積していったのであった。その枚数は年々増加し、三五歳のころには三万枚にも達した。自分の領域の和文、欧文の文献リストはほぼ確保でき、これで準備が整ったと、とても良い気分になっていた。また、手書きによる地道な記入作業も、実はだんだん楽しくなるという不思議なものであった。カードボックスが増えるほどに仕事をした気分になり、「図書カード」作成そのものが目的になっていたのかもしれない。

また、「B6カード」はなかなか作り応えがあった。「罫線付きカード」は文献などからの抜き書き、思いついたアイデアの記入用とし、「白地カード」は文献のコピー、新聞の切り抜きを張りつけることに主として利用していた。三〇歳前後のころは、「図書カード」で確認し、文献を読み漁り、「B6カード」にメモすることが楽しみでもあった。それだけで十分仕事をしている実感を得るものでもあった。

そして、小さな論文を書く時には、まず全体の構成を考え、それぞれの場面に必要な文献を「図書カード」から洗い出し、現物を確認し、「B6カード」にまとめていく。そして、必要な作業が終わると、論文の小項目別に「B6カード」を整理し、読み込み、机に並べて検討を進め、一気に論文を執筆するという方法をとっていた。これはなかなかうまく行き、ここで作成された「B6カード」は次第に蓄積され、以後、有効に活用できることが確信されたのであった。三〇歳代中ごろまでは、私はこうしたスタイルでやってきたのであり、そのころには、作成した「B6カード」は一万枚を超えていた。「図書カード」と「B6カード」のファイルボックスを眺めるたびに、これで将来、相当な仕事ができるとほくそ笑んでいたものであった。

だが、三五歳をすぎるころになると、人生が急に忙しくなってくる。特に、私の場合は「現場」に魅き込まれ、文献よりも「現場」の方に関心が傾斜していくことになった。当初は、現場で学んだことも「B6カード」で処理していたのだが、情報量の多さにとても応えられなくなっていく。また、文献を主軸に切り貼りのような論文を書くというやり方に疑問が生じて来た。「現場」の迫力に比べ、文献調べは重箱の隅をつつくような作業であり、だんだん価値を感じなくなっていったのである。さらに時間が乏しい中で「図書カード」「B6カード」を作成していく余裕も無くなっていく。実際、三〇歳代後半になると、カードにはほとんど手をふれなくなっていった。むしろ、「カード」から解放された三〇代後半から、『報告書』『論文』、そして四〇歳代に入ると『著書』を大量に書いていくことになる。三五歳のころまで必死の思いで作成してきた数万枚の「カード」はお蔵入りとなってしまったのであった。実は、三万枚の「図書カード」は、過去を捨てる思いで一〇年ほど前に廃棄し、一万枚ほどの「B6カード」はなかなか捨て難く、残してあるのだが、この一五年ほどは取り出して見たこともない。

この点、振り返ると、「カード」を主軸にし「文献主義」で来たならば、私の仕事もずいぶん違ったものになっていたのではないかと思う。カードシステムを上手に使いこなし、有益な研究を進められている方も多いと思うが、私は挫折し、数万枚を作成するための膨大な時間を無駄に使っていたのではないかと深く後悔している。したがって、大学院生などには決して勧めない。振り返って見ると、カード作成そのものが楽しみになり、目的にもなっていた若いころの一〇年ほどは、今では苦い思い出であり、その後の「整理なんかしない」という現在のやり方にたどり着くための高い授業料であったのかもしれない。

†整理をしただけで、仕事をした気分になる

カードシステムの必死の経験の中で、カードを作成する、キチンと整理することは、かえってまずいのではないかと思うようになった。時間をかけて整理をすると、それで仕事が終わったような気分になってしまう。ある時、これが最大の問題だと気がついた。もう「整理なんかヤメだ」「そのへんにぶん投げておけばいい」などの破滅的な気分になっていった。私の書斎も大学の研究室も、現在はグチャグチャである。必要な資料等は確実にどこかにあるはずだが、十分には探せない状況になっている。そして、破滅的な気分になっていたころ、ある「大発見」をした。「資料には足が生えている」という事実である。

もう一〇年くらい前になるであろうか、以前に住んでいた賃貸マンションの五畳ほどの書斎で仕事をしている時のことであった。部屋の書棚は満杯、床にも書籍や報告書等の資料が一メートルほどの高さに積み上がり、足の踏み場もない絶望的な状況のころであった。私は五〇歳の時に現在の一橋大学に移籍し、同時に新居を建て、研究環境を飛躍的に改善できたが、それまでは悲劇的な状況にあった。必死の思いで何かの原稿を書いている時、ある資料が必要になった。その資料は近くの山の中にあるものと考えていた。一つの山を少しずつ崩しながら探したが見当たらない。あるはずの資料が見つからないのである。

隣の山を探すがダメであり、次々と奥の山を崩していった。そして、私の椅子の横の山にあると思っていた資料は一メートルほど先の山の中に隠れているのを発見したのであった。それはどうしてか。資料が一人で歩いていったのである。どなたでも、そうだと思うのだが、私のような環境にいる場合、書類の山ができる。床に積み重ねざるをえない場合、近くの山には比較的よく利用する資料を積み重ね、だんだん遠くにいくほど使用頻度の低いものをと考える。そして、何かの資料を探す場合、まず近くの一山を崩すが、その崩した一塊を仮にその先の山の上に乗せたりするであろう。どんどん露天掘りを拡げ、最終的に目的の資料が見つかれば万々歳である。ヨカッタ。だが、先の山に仮に置いた一塊を元の山に正しく返せるだろうか。これは、実はかなり難しい。ある量の資料が先の山に取り

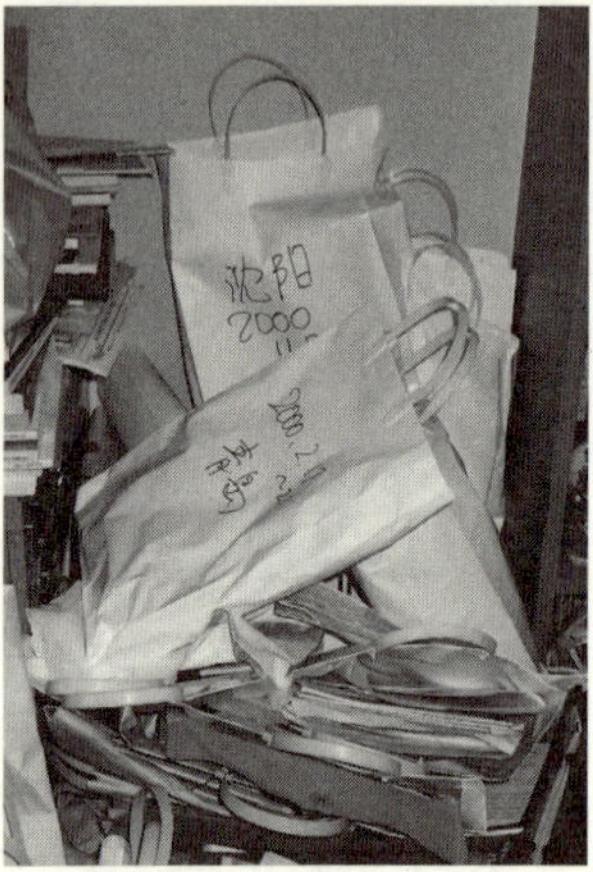
手提げ袋に入れて放り投げてある

残されることは確実である。何度もこうしたことを繰り返していくと、ある資料はだんだん奥の山の方に行ってしまうことになり、狭い書斎の中に確実にあるのだが、二度と会えないことになってしまう。このように、「資料には足が生えている」のである。

　こうした事実が判明したが、キチンと整理する余力も環境もなかった。その結果、私は現在、基本は従来通り山積みのままだが、「現場」調査に関連したノート、資料類だけは「手提げの紙袋」に放り込み、外側にマジックで日付と場所を目立つように記入し、そこらに放り投げている。たいした管理でもないが、「手提げ袋管理」といって悦にいっているのである。何かの雑誌で見た覚えがあるが、立花隆氏もこのようなやり方ではなかったかと思う。写真を拝見し、同志を見つけたような気がしたものである。

　そして、何かの必要が生じ、一部を取り出した場合、やや危ないが、できる限り元の袋に戻す程度のことは心掛けている。また、次の章のテーマの一つともなるが、資料管理が危ういほうが、仕事を早くする秘訣でもあることを指摘しておきたい。整理がキチンとしていれば、いつでも取りかかれるとの安心感があり、結局仕事をしない場合が少なくないが、資料を探せなくなるのではないかという不安が大きいと、必死に仕事を早く片づけようとするのである。少なくとも、私はそうである。

†手帳と、B5ノート、B6ノート

カードシステムと決別して以来、私は、B5ノートとB6ノートの二本立てで仕事をしている。メモ帳、レポート用紙、ルーズリーフはやめた方がよい。切り離し可能なメモ帳、レポート用紙等は、いずれ散逸し、ゴミになってしまう。通訳者や記者の方々で、特に、メモを保存蓄積しなくてもよい立場であれば、捨てやすいメモ帳やレポート用紙は使いやすいのかもしれない。私のように対象と「一生付き合う」となると、そうはいかない。できるだけシンプルなやり方で資料、メモが蓄積されていくことが求められる。

まず、最初の基本は「手帳」を駆使することである。私は「手帳」がないと全くスケジュール管理ができず、過去を振り返ることもできない。頭のキャパシティは満杯であり、過去は直ぐ忘れ、未来も記憶しておかない。全て「手帳」一冊に委ねている。実は、翌日のスケジュールも前夜に手帳を眺め、「明日、大阪に行くのか」の程度である。二〜三日

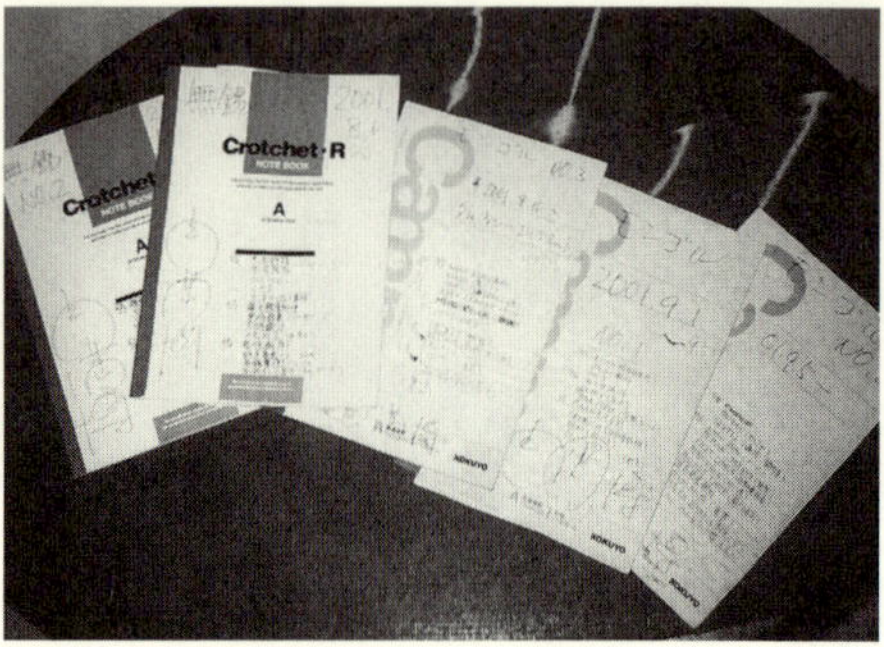

現場調査必携のＢ５ノート

先の予定などは全く記憶しない。何かあるな、程度である。そして、「手帳」は過去を引き出す際のインデックスとして最も使いやすい。訪問した企業名、会議名さえ記載されていれば、その日付によって必要な「ノート」にたどりつけることになる。

　私はノートを「Ｂ５ノート」「Ｂ６ノート」の二本立てにして利用している。Ｂ５ノートは五冊束二〇〇円程度の安物をドカッと買ってある。先に見たように薄くて、罫線の太いものである。この「Ｂ５ノート」は、国内外に関わらず、数日以上の「現場」調査の際、必要部数を持参している。表紙にデカデカと日付と場所を書いておき、さらに、表紙の下半分にはメモをした企業名と日付を書き、目次としている。ページ数はもちろん書かない。帰宅した後は、貰った資料と共に先の手提げの紙袋の中に放りこんでおく。後々、文章を起こす際、紙袋から一括して取り出し、精読し、作業に入ることになる。これはたいしたノウハウでもない。

問題は「B6ノート」である。「B6ノート」を利用し始めたのは十数年前からだが、これは実に効果的と判断している。例えば、会議やシンポジウムに出席し、あるいは逆に講演会を聴きにいった際、メモを取りたくなることがある。周囲を見ると、配付された資料の隅や便箋などにメモしている方々が少なくない。あれはやめた方がよい。ご自分の経験を振り返っていかがか。ただのゴミになるだけである。私は、こうした機会の全てを「B6ノート」にメモっている。興味深い発言は、正確に記載している。これらも、ページの欄外に会議名、日付と時間を記載しておく。あとで、ちょっとした雑文を書く際、極めて有効である。決してゴミにならないのである。

また、「B6ノート」は、特に男性にとってたいへん都合が良い。スーツの両脇のポケットやスラックスの両脇のポケットにも納まる。先に、数日の「現場」調査の際は「B5ノート」としたが、地方に講演会で呼ばれ、ついでに企業ヒアリングをする場合は、この「B6ノート」を使う。応接間に荷物を置き、コンパクトカメラを首にさげ、「B6ノート」をポケットに、「現場」入りする。それで準備万端である。なお、私の場合、この「B6ノート」は少しだけ贅沢をしており、革表紙で中のノート部分を差し替えられるものを採用している。半年に一五〇ページのものをほぼ一冊使い切るが、この「B6ノート」は日常の活動の基本を記載しているものであり、同じもので揃えたほうが無くなりにくい。この十数年分が珍しくキチンと保存されている。

2　データをどう見るか

経済、経営分野の最近の若手研究者の論文を見ると、先行研究のサーベイ（概説）、作業仮説の提示、さらに膨大な計量分析、若干の結論などのスタイルになっている。参考として付けられた数表を見ると頭が痛くなる。私の歳では、とてもこうしたスタイルの仕事はできないし、興味も持てない。地域の産業問題に従事している立場からすると、私たちのやるべきは、もちろん歴史的な背景、大まかな統計的な枠組み理解は前提になるが、最も重要なのは「現場」の声をすくい上げ、地域の産業のよって立つ基本的な構図を明らかにし、将来を展望していくことである。その目的のために、データをどう見たらいいのか。

†両極端に注目し、立体的に組み立てる

統計やアンケート調査をベースにしている方々の仕事を見ると、統計上の常識を超えるサンプル等は異常値として取り除き、取り扱いやすい平均的な所で議論を進めている場合

が少なくないように見える。あたかも、統計処理に乗らないものは切り捨てるかのようである。そして、得られた結果は、実に当たり前のことでしかない。それだけの労力を投入するだけの価値があるのかと心配になるほどである。しかも、それが客観的なやり方だというのである。こうしたことが「客観的」というのであれば、私は「主観的」に行う方が意味があるのではないかと考えている。

私のやり方では、私の領域に入ってくるのは、「現場」の空気と、既存の歴史資料、報告書類、統計書、先行研究論文等である。アンケート調査をやることはあるが、それは事後的に行っているにすぎない。「現場」と深い交流があるならば、これ以上は要らない。そして、「現場」を軸に、資料に目を通しながら、全体の構造をイメージしていく。

この点、やや個人的な話だが、私が大学、大学院で学んでいたのは産業組織論という領域であり、ミクロ経済学の応用分野であった。また、六〇年代の後半はまだマルクス経済学の全盛時代でもあり、個人的には随分と学習した。特に、エンゲルスの仕事などにはおおいに刺激を受けた。若いころの勉強の積み重ねはある時期から物事を判断する場合の「反応回路」になっていく。基礎的な学習が必要とはそうしたことをいうのではないかと思う。私の場合の「反応回路」は、唯物史観的な歴史認識が縦軸にあり、ミクロ経済学の競争論的な視点が横軸にあると自覚している。これで「現場」を見ているのである。

そして、日々「現場」に身を置き、関連資料を眺めながら、特に異常値といわれて放置されている最先端と、誰も関心を示さない一番後ろに残った部分に最大の関心を寄せるようにしている。最先端は次の時代を予見させ、最後尾は構造的な問題を浮き彫りにしてくれるのである。この二つの対比的な構造分析から、全体の構図を立体的に組み立てていこうというのである。また、実際の「現場」においては、最先端は時代の流れに対する優れた感受性と取り組みによって生じるが、もう一つ、最後尾に置かれたものへの批判的な取り組みが「確信」となっていることも見逃せない。えてして、構造転換の時代には、最後尾に残るのは一つ前の世代の成功者たちであり、その成功体験が次への転換の邪魔をしている。むしろ、転換期に最先端に立つ者とは、一つ前の世代の成功者への反発のエネルギーが基礎になっている場合が少なくないのである。

そして、このような最先端と最後尾との対比的な構図が明確になっていけば、将来に向かうべき方向も自然と浮き彫りにされてこよう。平均値の議論では、こうしたダイナミズムを感じることは少ないであろう。「現場」の関係者にインパクトを与え、人びとに「勇気」を与えていくためにも、それぞれの身の置き所がみえる立体的かつダイナミックな分析を目指していくことが必要と思う。

†データは見るものでなく、作る

どこかの地域の「産業振興プラン」を作るための委員会のメンバーになると、会議のたびに分厚い資料を渡される。中を見ると、電話帳ほどのアンケート集計結果などが含まれていることが少なくない。自治体から依頼された都会のシンクタンクが事前に地域企業に配付・回収し、細かく集計したものであろう。中には、ページをめくる気を無くさせるほど部厚なものがある。発注した自治体側も、受注したシンクタンクの側も、これで仕事の半分以上は終わりの風情である。

会議の席上、この集計結果が延々と説明され、よくわからないものの、そんなものかと、気力が失せていく。そして、代わり映えのしない結論を背景に、役に立ちそうもなく、意味もなさそうな提言が出され、会議は終わる。この十数年、こうしたことが全国の各地で繰り返し行われてきた。全国のどこでも、結論と提言はほぼ全く同じなのである。そうしたことから、「序」に紹介したような、地域の固有名詞を入れ替えただけという不届きな『報告書』が横行することにもなった。

実際には、事前のアンケートでわかることなど知れているか、あるいは、既にわかり切っていることが少なくない。むしろ、ある程度の経験があるならば、数件の企業ヒアリングでほぼ問題の構図は見えてくる。見えないようでは専門家とはいえない。むしろ、アンケート調査は、「現場」のヒアリング調査を十分にこなし、問題の全体の構図を立体的に組み立て、それを説得的にするものとして利用されることが望ましい。こうした設計の仕方であれば余分な質問項目は消え、必要なものだけになり、記入する側もずいぶんと楽であろう。せいぜい二〜三ページで十分なのである。私にも数十ページにもわたるアンケート調査票が送られてくることもあるが、回答する気にもならない。せかされて、止むなく出す場合も、まともに答えたためしがない。アンケートなど、そんなものなのである。

多額の税金を投入するような膨大なアンケートに頼る調査は、できるだけ止めるべきである。「現場」が荒れるのである。先にも指摘したように、必要な事項の確認のために、事後に行われるアンケートであれば、量的にも負担が少なく、論点が記入者にもよくわかる。積極的に記入したくなる場合も少なくない。そして、回収データに関しては、結論はすでにわかっていることであり、簡単な集計だけでよいのである。「現場」のヒアリング調査をベースに立体的に組み立てられた枠組みの中に、集計結果を投入し、説得的な材料としてアンケートは活かされていくことになろう。

この事後のアンケートを実施する際は、前提として先の最先端と最後尾を対比的に置き、問題の構図を立体的に組み立てておくことが基本となる。その大きな構図を前提にアンケートが設計されていくべきである。したがって、このようなアンケート調査には、設計から集計まで、かなりの経験と技術が必要になってくることはいうまでもない。

†単純な図形でモデル化する

「現場」調査を行うならば、とりあえずは『報告』を書くことが必要になる。これまでの『報告』の多くは文字情報が中心であり、一部に数表、図表が用いられてきた。今後も書籍の形の『報告』は必要とされていこうが、次第にフローチャートや図形モデルなどが重要視され、パワーポイントなどで実際に映像を通じて伝達されていくことが多くなろう。細かな叙述的な『報告』は「時代の証言」として残すべきだと思うが、ますます映像的な「単純化された図形モデル」で説明していくことが必要になってきたと思う。

この図形モデルの作成に関しては、いかに単純化できるか、いかにその単純図形で多くのことを説明できるか、さらに、時代を超える普遍性をいかに与えることができるか等が問われることになる。複雑なものはダメであり、単純なもの、誰がみてもイメージを喚起できるものでなくてはならない。これは相当の分析力と構成力を必要としよう。専門家としての力量の一つは、ここで測ることができる。

私も、こうした点は以前から関心を抱いており、これまでもいくつかの図形モデルを提

図　技術集積構造の三角形モデル

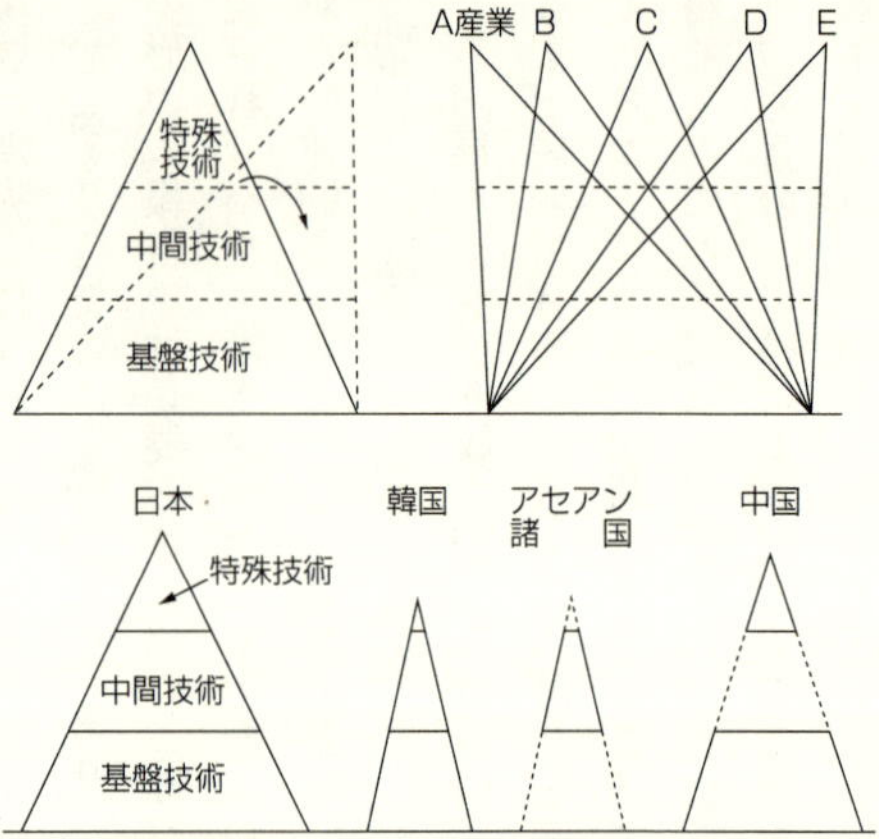

出してきた。それらの中で、最も成功したのが「技術集積構造の三角モデル」というものである。このモデルは、私の若いころの大田区中小機械工業調査を通じてアイデアが浮かんできたものであった。その後、全国各地の機械工業集積地、東アジア各国の状況を観察するにしたがい、イメージが大きく膨らんでいったものである。

詳細は、この三角モデルを初めて紹介した拙著『フルセット型産業構造を超えて』（中公新書、一九九三年）や、その後、より精密度を高めて紹介した『空洞化を超えて』（日本経済新聞社、一九九七年）を参照していただきたいが、技術の性格を大きく三層に分け、三角形の形状によって、技術集積上の問題をわかりやすく説明するというものである。基本形は右の図の通りだが、各地域、各国の事情により問題の所在を即座に理解できる、極めて単純な図形モデルなのである。

この『フルセット型産業構造を超えて』という著書は、英文、中文でも出版されており、各国の研究者からも、私の三角形モデルはよく引用されている。イメージして作り上げてそろそろ一〇年、依然として有効性を保っているあたり、うぬぼれるわけではないが、かなりの普遍性を帯びた図形モデルということもできるであろう。また、私の単純三角形をベースに、その他の要素を入れて複雑にして利用されているケースを時折見かけるが、あまり説得的ではなさそうである。問題は、いかに単純化できるか、余分なものを削ぎ落とせるかであり、そして、いかに多くのことを語れるかであることはいうまでもない。

3 本の形にする

「現場」調査を実施した後の処理は、どうすべきなのであろうか。私自身の過去を振り返ると、ずっと何もしないで終わる、あるいは、早いか遅いかは別にして『報告書』『論文』を書く、さらに市販の『書籍』のスタイルまで持っていく、というパターンに分かれる。また、相手にメモ書きを送付することもある。四〇歳ごろまでの私は、まず『報告書』を書き、しばらく経ってからいくつかの『論文』を書き、そして、さらにしばらく後に『書籍』にしていくことに最大の価値を置いていた。当時から、この領域で『同時代の証言』を書き続けたいと考えており、『書籍』にしなければ時代を超えられないのではないかと考えてきた。この考えは、現在でもあまり変わらない。ただし、現在は『報告書』『論文』『書籍』という流れをたどる時間はなく、資料を眺めて、一気に『書籍』という場合が多くなってきた。その場合、どのようにして『書籍』を出し続けられるかというテーマがあるが、それは後の章で紹介する。

また、途上国に比べて、かなりの程度、資料の系統的保管・公開がされている日本では、しかるべき所に保管されていれば、将来的には検索が幅広く可能となろう。そうした意味では、『報告書』『論文』『書籍』のいずれでも構わないことになる。だが、現実には『報告書』『論文』では次第に埋もれていくことは避けられそうにない。特別な専門家はアクセスすることもあろうが、よほど評価の高い『論文』でないと、数年も経たずに消えていくのである。そうした意味では、「現場」調査の結果をなんとか『書籍』に持っていく努力を重ねなくてはならない。『書籍』の形であれば、時代を超えて生き残っていく可能性が高い。

†私の場合

私の場合は、先に紹介したように、「現場」調査を重ねながらも、腐らせてしまっている場合もあり、協力いただいた方に不義理をしている場合が少なくない。なんとか追いつこうと努力しているのだが、債務がだんだん積み重なり、どうにもならない。反省すること、しきりである。債務を処理するために、今日の「現場」調査を休むわけにもいかない。まるでバブル経済のようなワナの中に閉じ込められている気分である。

このように、まことに恥ずかしい内情なのだが、成果の上がっている部分を中心に、現状を紹介していくことにしよう。

私が「現場」調査から、『報告書』『書籍』の発行までを意識して進めているやり方には大きく分けて三つのスタイルがある。一つは私自身の『著作』のケース、二番目は私の学生たちの『現場調査報告書』、そして、三番目は私の若い友人たちと作り上げる『共編著』である。そして、これらの三つを私のイメージしている全体の時間軸の中に置き、「現場」を意識しながら具体化に持っていくというシナリオになっている。したがって、私自身の仕事としては、「現場」の流れの中で、私の『著書』に加え、学生の『報告書』、若い友人たちとの共同作業（『共編著』）を適宜、それぞれの地域の時間の流れを睨みながら投入していくことになる。

先の章でも見たように、私は現在、国内にも海外にも多くの「現場」を抱えている。どれからも目を離せない。さらに今後も、相当抑制しているとはいえ、「現場」がいくつか増える可能性もある。そして、それぞれの「現場」に対して距離感を変えて付き合っていることは先に説明した。そして、その距離感の中で、「現場」での調査、指導、あるいは形を変えて『報告書』『論文』『書籍』などを必要に応じて投入し、刺激を与えていくのである。例えば、学生の「現場」への投入、『報告書』の作成は、もちろん学生の指導の一環として位置づけているのだが、併せて、「現場」とのコミュニケーションの手段の一つという性格を帯びさせている。また、後に詳述するが、私の『共編著』シリーズは、二〇〇二年三月現在、既に一八冊公刊されている。それは私の若い友人たちの刺激の場であると同時に、やはり「現場」とのコミュニケーションの一環なのである。

学生の『報告書』、若い友人たちとの『共編著』の意味はさらに後に述べるとして、私の単独『著書』に関して、その意味にふれると、以下のようなことになろう。

例えば、私の国内の地域別の研究として、かなりの力を入れて作成した著書としては、東京の大田区を扱った『現代日本の中小機械工業』(共著、新評論、一九九〇年)、東京多摩地域を扱った『現代ハイテク地域産業論』(新評論、一九九三年)、また、共編著だが、大震災後の神戸長田のケミカルシューズ産業を取り上げた『阪神復興と地域産業』(新評論、二〇〇一年)などがある。また、海外の研究では、中国江蘇省(『中国長江下流域の発展戦略』新評論、一九九五年）、浙江省（『中国市場経済化と地域産業』新評論、一九九六年）、上海市（『上海の産業発展と日本企業』新評論、一九九七年）、四川省・重慶市（『挑戦する中国内陸の産業』共著、新評論、二〇〇〇年）、大連市（『日本企業／中国進出の新時代』新評論、二〇〇〇年）をそれぞれ単独で扱ってきた。中国地域産業研究の各冊はいずれもA5判、三五〇〜五五〇ページという大冊であり、かなりのエネルギーを必要とした。

これらのいずれの地域も、長いところで二五年、短いところで七〜八年ほどの付き合いを重ねてきた。そして、その付き合いの流れの中で、『同時代の証言』を送り出す必要を痛感した地域から『書籍』の形にしていった。『書籍』の形にすることは、明らかに一つの区切りであり、次の『書籍』の形にしていくまでには、また相当の時間がかかる。できない可能性の方が高い。それでも「一生もの」として付き合っていくことになる。日本の地域に比べて、中国の地域産業研究の『書籍』が多いのは、九〇年代は、それだけ中国の地域の動きが激しく、『同時代の証言』を書き残す意味が大きいと考えたからにほかならない。こうした現象はこれからしばらく続くものと考えている。

当面、私の場合の『書籍』の出版計画としては、二〇〇二年中には『モンゴル』『中国華南地域』『中国環渤海地域』、そして、懸案の『北京シリコンバレー』をそろそろ具体化していかなければと、現在、集中力を高めている。また、私にとっての国内の最大のテーマの一つである『墨田区』も、そろそろ視野に入れていくべき時期かとも考えている。

†学生のゼミ合宿と『報告書』の意味

私は八九年に大学に職を得てから、学部の三年生、四年生の各一〇人を基準にゼミ生を採ってきた。ゼミ経営の基本的な考え方として、一学年一〇人とし、男女比率を一橋大学の男女比を意識し、七対三、ないし八対二ぐらいをイメージしている。そして、二学年の中に一人程度の留学生が応募してくることを願っている。このくらいのバランスが最も刺激的である。さらに、三年生と四年生は一緒にゼミをやる。ゼミとしての経験が蓄積され、タテ社会も実感される。

また、ゼミはできるだけオープンにしており外部からの参加を歓迎している。現状では「居候」が七〜八人はいるのではないか。他大学の学生、院生、さらに、外国人、社会人もいる。よそのゼミにまで乗り込んでこようというのは相当な迫力であり、ゼミ生への大きな刺激になる。また、ゼミ生にはよそからの「居候」にはしっかり対応しろと伝えてある。また、時々見学に来る社会人や経営者もいる。誰が来ても「めげるな。そういう人も巻き込んでいけ」と指導している。こうして、実に刺激的な環境が形成されているため、私は最後に若干のコメントを言えばよい。楽をさせてもらっているのかもしれない。

ゼミの一年計画は、夏休みの「現場」合宿を軸に組み立てている。一年おきに国内、海外と繰り返していく。ゼミ生は三年、四年のいずれかで海外「現場」合宿を経験することができる。国内の場合は四〜五日、海外は一週間を基本としており、現地集合、現地解散であり、前後は自分で多様な経験を重ねることを勧めている。期間中は、早朝から夕方まで現地の企業を訪問し続ける。ほぼ二〇企業の「現場」を経験することになる。四月から七月までは、基礎的な勉強と合宿予定地域の資料収集、分析にあてる。

二〇〇一年夏の中国無錫のゼミ合宿の冒頭で興味深いことが起こった。メンバーはゼミ生二〇人、院生、居候が約一〇人、さらにOBや社会人参加が約一〇人という四〇人の大部隊であった。とりあえず、初日の早朝の一件目は全員で無錫の代表的な民営のソフト開発企業に向かった。経験を深めていくと、企業に訪問して、ほとんど瞬間的に「この企業では座る場所がないな」などが判断できる。責任者が「現場」を案内しながら話をしてくれた。立ち話をしやすいポイントをみつけ、その責任者を質問攻めにすることにした。

会社案内は二〇部ほどしかなく、私と責任者の近くにいないと貰えない。また、四〇人もいると、後ろでは話が聞こえるわけがない。そうした環境を利用させてもらい、これは最初からゼミ生への良い教訓になると考え、一時間ほど立ち話をした。そして、その途中で「位置取りが悪いと、何も聞こえず、何も貰えないぞ」「高い金をかけてきているのだから、良く考えろ」と一喝した。以後、期間中、位置取り争いが激しくなり、「現場」調査はおおいに盛り上がることになる。

また、合宿の最終日には、現地でゼミ生による「中間報告会」を開催することにしている。その二〜三日前から班に分かれての徹夜作業となる。社会人も参加させ、私は時々、各部屋を回るだけでよい。「中間報告会」には、訪問した企業の経営者、地元政府関係者などに来ていただき、三時間くらいかけてやる。国内合宿の場合は、地元マスコミも入り、ゼミ生のテンションは上がる。気のきいた地方政府は当方の合宿を「地域産業政策」の一環に位置づけ、うまく地元にアピールすることもある。中国でも同じようにしようとしたら、中国ではこのような取材記事の場合は、逆に、掲載料（?）のようなものを払わされることがわかった。それで止めることにした。

無錫のゼミ合宿でのヒアリング

そして、合宿の終了後は、国内の場合は一万字、海外の場合は二万字の『報告書』を各人が書き、秋の最初のゼミ（一〇月）に持参することになる。この『報告書』は各人が好きに書くようにしている。そして、先に見たように、この『中間報告書』を製本し、関係者に配付する。海外版の場合は、A４裏表で約六〇〇ページの大冊になる。

一〇月以降は、『最終報告書』の作成に向かう。各章をグループ別に分担させ、毎週、進行具合を報告させ、締め上げていく。冬期休暇中に完成原稿を書かせ、一月以降、若干の調整を進め、三月の末までにはキチンとした印刷物の『最終報告書』ができ上がる。三年生、四年生で二冊が完成し、これを卒論と代えている。また、この一年間には、時々日帰り調査が入り、それも当然、『報告書』として簡易製本し、関係者にも配付している。

以上のような学生のゼミ合宿、『報告書』は、もちろん学生指導の中核に位置づけているが、それだけではない。どこを合宿の地に選ぶかという点に関連して、かなり熟考している。昨今は、海外合宿を実施するゼミも増えてきているようであるが、親睦が中心で「現場」ヒアリング調査は少ないようである。地方や海外で学生の「現場」合宿を実行することは容易なことではない。ルートがしっかりしていないと、どうにもならない。したがって、急にどこかの地域の「現場」調査を実施することなどはできるわけがない。

したがって、ゼミ合宿の対象地域は私の「一生付き合う」フィールドの中から、お願いしていくしかない。そのため、国内、海外のいずれの場合も、数年先までのイメージを常に描き、各地域の事態の進展度合い、ルートの確かさ、それは私と地元との信頼関係ということになるが、それを常に確認していかざるをえない。この作業が一番たいへんなのである。現状では、四年先ほどまではイメージができている。

見方を変えれば、地域の「現場」へのゼミ合宿の投入、『報告書』の投入は、その地域への新たなインパクトということになる。東京や日本の大学生が数十人も一週間前後滞在し、「現場」調査を重ね、また街をウロックことは、実は相当のインパクトになる。このような枠組みは、地元の受け手と私の間でのある種の謀議により形成されるものであり、ゼミ生にとっても、私にとっても、さらに地元にとっても悪い話ではないのである。このあたりのバランス感覚を共有できるように、私と地元との調整が積み重ねられ、ようやく実施に移せることはいうまでもない。

†若い研究者たちとの『共編著』の妙

私の主要な仕事の一つに、若い研究者たちと一緒に『共編著』を出し続けるというものがある。体裁は四六判、二五〇ページ前後としている。発行所は私が長くお世話になっている新評論であり、会長の二瓶一郎氏のご理解により、九〇年三月の第一冊目『地域産業の振興戦略』以来、二〇〇二年三月現在、一八冊を公刊してきた。このシリーズの基本的なイメージは、『地域産業』を軸に据え、時代に対してタイムリーにメッセージを贈ろうというものである。多様な地域と問題群を常に意識し、『書籍』の形にまとめ上げるべき、あるいは、まとめられそうな『テーマ』を常に十数件イメージしておく。

そして、『テーマ』ごとの成熟度、時代性を見ながら、次々と企画を立案、全体を構成し、執筆陣を選定していく。執筆陣は一冊あたり七〜九人。一人当たり二五ページ前後としている。過去に全体で三〇〇ページを超え、価格が高すぎ、販売に苦慮した経験があり、現在では二五〇ページまでとしている。この点は後の章で紹介するが、非常に大事な点である。

執筆陣の選定にあたっては、私の周辺にいる中堅になってきた四〇歳前後の研究者を半数、そして残りの半数はさらに若い研究者を探し、協力を求めている。三〇歳前後の若手研究者の育成の「場」を一つのテーマとしており、声をかけると、大半の人は積極的に参加してくる。最近は一定のボリュームの論文を掲載できる機会が非常に乏しくなり、私の『共編著』は若手研究者に大歓迎されているようである。

また、このシリーズを『共編著』としていることにも意味がある。全体の雰囲気とすれば私の『編著』でもよいのだが、あえて『共編』にしている。共編の相手は一人だけなのだが、選定の最大の基準は、四〇歳代に入り、かなりの仕事をしているにも関わらず、背表紙に名前のついている『書籍』を発行したことのない人、あるいは、同世代の友人で「志」の共有を確認するために選ぶことを方針としている。昨今は、出版は非常に難しいものになり、若い研究者が単独で『書籍』を出版することは至難の業である。こうした状況の中で、彼らを「元気」づける意味でも『共編著』を基本としている。

こうしたやり方であれば、私にとっては何のデメリットもなく、初めて『書籍』の中に論文を掲載する若手研究者にとっては大きなメリットであり、背表紙に名前が掲載される中堅研究者にとっても悪くない話となろう。関係者全員にメリットが及ぶのである。このようにして、この『共編著』シリーズはすでに一八冊を数え、執筆したメンバーの数は六〇人を超えているのである。

もちろん、どのようなテーマの『書籍』にしていくか、いつ出版するかは、対象「地域」や具体的な「テーマ」により異なるが、それは、当然、時代性はもちろんのこと、対象「地域」の時間軸の中で判断している。若い執筆者には「『思い』のないものは書かないで欲しい」と常に言っている。『書籍』は出版されたら終わりということではなく、それが相手に刺激を与え、また、関係者に「勇気」を与えるものでなくてはならないと思う。関係者の間での「志」が高まる契機になっていくことが求められている。とりわけ「地域産業問題」などのミクロの具体的な領域においては、『書籍』の形にまとめ上げることは終わりを意味するのではなく、実はそうした作業を通じて、これまでの関係が成熟し、さらに「新たな関係」が生まれていく、その始まりとなるのである。それは、関係者全体の「信頼関係」の確認の作業といえそうである。「現場」合宿をした若いゼミ生たちは、その「地域」とお世話になった方々を一生忘れることはない。「結果はまとめるべき」だが、それが始まりと覚悟すべきであることはいうまでもない。

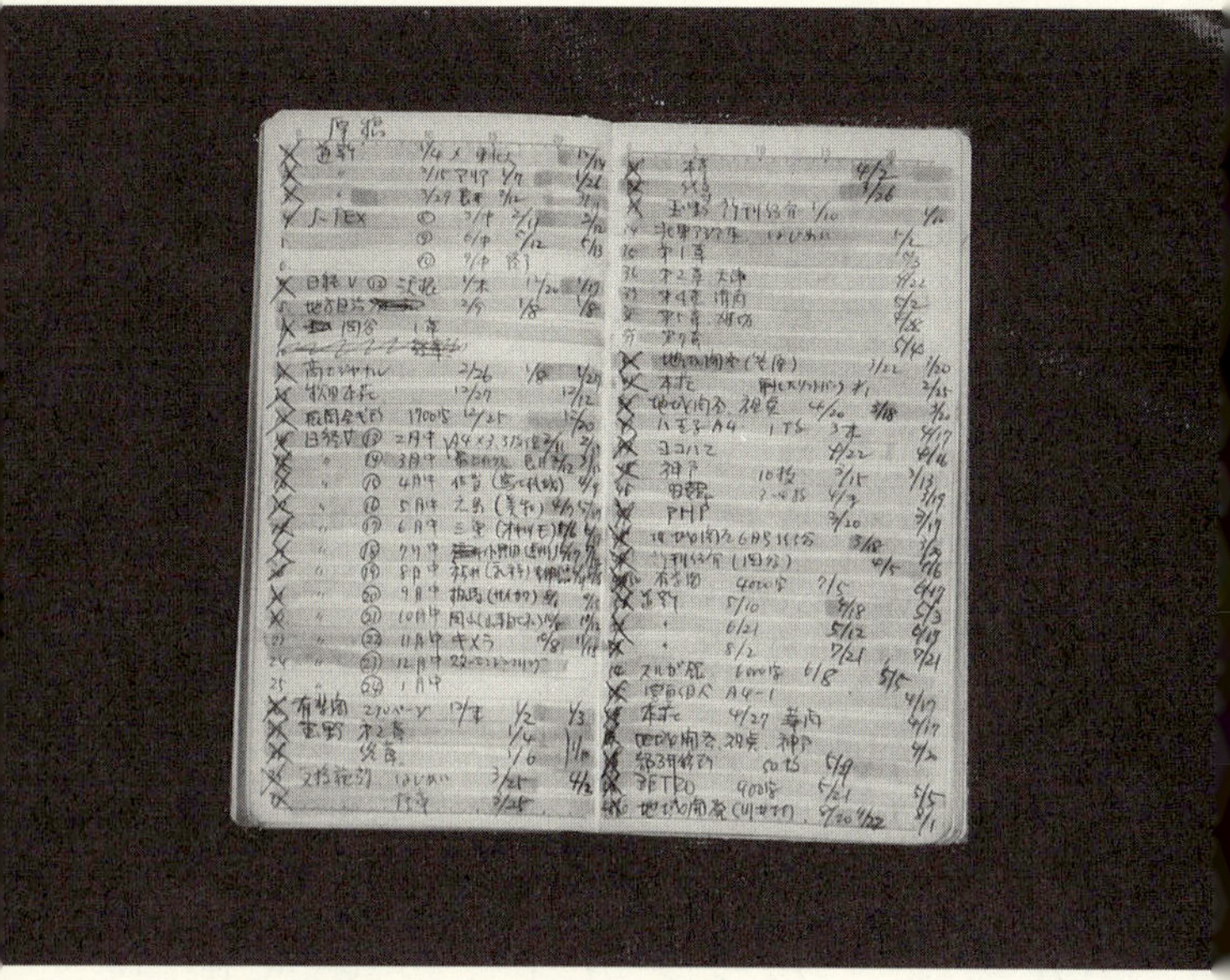

Ⅳ　生産性を上げる法

手帳の原稿受注リスト。締め切りまで持ち越さず、空いた時間に次々に片付け、終わったものはマーカーで線をひく。

五〇歳をすぎるころから、周囲の人たちに「随分、いっぱい書きまくるね」と言われることが多くなってきた。当方とすれば腐らせて不義理しているものも多く、まだまだ足りない気分である。さらに倍くらいできないものかと思案している。二〇〇二年三月現在の私の出版点数を確認してみると、背表紙に名前の付いている『書籍』が全部で四二冊あった。単著が一八冊、若い友人と二人で書いた共著が二冊、編著が一冊、共編著が一八冊、外国語に翻訳されたもの三冊（英文一冊、中文二冊）という内訳であった。同僚の米倉誠一郎教授からは、新刊を手渡すたびに「エイジシュートはいつかね」とからかわれている。出版点数が年齢に追いつくのはいつか、ということだ。別に冊数が多ければよいわけではないが、「エイジシュート」とはなかなかわかりやすい概念と、気合いが入ってきた。現在のところ、五六〜五七歳あたりかと、内心では一つの目安にしている。

ベストセラーや歴史に残る名著など書けるわけもなく、自分の小さな守備範囲の中で、できるだけ「現場」に入り、『同時代の証言』を書きなぐっていくのが自分の仕事と割り切っている。その程度のことなのだが、大先輩からも「君は生産性が高い」と言われ、そんなものかと思いながら、これしか能がないと、現在もこの本を書き進めている。「生産性を上げる法」などと章のタイトルを付けたが、それほどたいした方法があるわけでもなく、ただ「書ける時間に一気に書く」「できるところから書く」「締め切りまで持ち越さない」「とにかく早く片づける」、これ以外に特別なやり方をしているわけではない。この当たり前のことを、この章では、やや深く見ていくことにしたい。

1　いつ書くか

物書きを職業にしている人びとは、書き始めるまでがたいへんなようである。人によっては書き出すまでの儀式のようなものがあり、ある手続きを踏まないとなかなか始まらないようである。「整理」もそのための儀式なのかもしれない。この点、「整理」ばかりしていると、それで終わった気になってしまう危険があることは、先に指摘した。

私の場合は、年齢が上がるにしたがい次第に「儀式」などと贅沢なことをいっていられる余裕が無くなり、「儀式」とか「手順」はあまり気にならなくなってきた。あえていえば、手帳の空きスペースを確認し、そこになるべく予定が入らないように祈るぐらいであろうか。

†忙しければ、いつでも書ける

若いころは「自分は夜型」と思い込み、昼過ぎどころか夕方をすぎても書く気にならず、コーヒーとタバコ漬けになり、結局、家族が寝静まったころにようやく始めるというスタイルであった。グダグダしていたものだ。だが、三〇歳代末ごろから急に忙しくなり、そんなことをいっている余裕は無くなっていく。とにかく時間がない。誰でも持ち時間は一緒だから、時間をどうひねり出し、どう使っていくのかが問題という点は、否応なくわかってくる。朝、昼、夜などにこだわってはいられない。

試しに、早朝に起きてやってみると、何の支障もない。要は、始めるのが嫌で夜型と言い訳していたにすぎないことがわかった。以来、いつでもやれるようになった。むしろ、早朝はまず電話も来ない、実に使い易い時間であることがよくわかった。また、規則正しい生活など全く期待できない状況であり、朝でも、昼でも、夜でも、いつでもOKでないと対応できないこともよくわかった。だから、現在では時間帯は全く問わずにやることにしている。

それでも、まとまった時間があれば好都合と、手帳を眺めていると、大学の教員である私にとって、一番長く時間がとれるのは夏休みの二カ月、春休みの二カ月である。最近は夏休みの終わりのあたりに大学院の入試などがあり、やや辛い状況だが、それでも一カ月半程度は自由になる。春休みは学年末試験や入試のシーズンであり、会議が急に舞い込みフルに空けられないが、それでも全体で一カ月半は自由になりそうな時期である。だが、私のような「現場」屋にすると、夏春の長期の休みは特に海外「現場」調査の貴重な時期でもあり、そちらが優先されることになる。したがって、執筆できるのは、夏春共に二週間程度がせいぜいである。これは最も大事にしなければならない時間だ。

また、私にとって意外に重要なのは、冬休みである。大学の冬休みは実質的には一二月の二〇日ごろから一月一〇日ごろまでである。ほぼ二〇日間である。この間は海外に行くことはまずない。実は、ここが一番長い休みなのである。電話もほとんど来ない。大学に移籍後、しばらくして、ようやくその意味がわかってきた。私は、この冬休みに長編一編か、新書や軽い一般書二編程度の執筆を入れるようにしている。暮れ正月はそれぞれ数時間、世間並みのしきたりに付き合うが、ほとんど毎日、一日一五時間、ワープロに向かう。国民的行事の紅白歌合戦など、この二〇年、見たことがない。五〇歳をすぎてから人並みに「老眼」になり、慣れない眼鏡のためやや生産性は低下したが、それでも一日あたり四〇〇字詰原稿用紙換算で五〇枚程度は書きまくる。この期間で『書籍』の一～二冊は書けることになる。実際、この十数年、この冬の時期の執筆が年間のスケジュールのベースになっている。

また、年間でみると他にも適当な機会がみつかる。五月の連休の時期、夏休みと重なるもののお盆休み、さらに、一〇月の体育の日の前後、一一月初旬の連休、同じ一一月の後半の連休も、前後の予定の入れ方にもよるが、かなりまとまった「空白」となる。この時期は世間が休みのため、電話もかかってこない。もっとも、これらは短期の海外「現場」調査にも好都合であり、「現場」か「執筆」かで使い分けていく。この短期の休みは、私の場合、この数年「現場」が多く、そのため処理能力に問題が生じ、年々債務を重ねている始末である。

また、通常の時期はどうかというと、ウィークデーは非常に厳しい。後の章で述べる「フィールドを育てる」ために、ほぼ二四時間体制で社会活動にのぞまなければならない。要は、夜更けるまでコミュニケーションに従事することになる。これは私の仕事全体の環境づくりに欠かせない。したがって、土曜日もふさがることが多く、通常期で空く可能性があるのは日曜日だけとなる。そのため、日曜日は休養と考えながらも、実は依頼の雑誌原稿を書きまくらざるをえない。短めの原稿を一日に三〜四本書くことも少なくない。依頼の原稿はこうしたポイントで処理せざるをえない。また、ウィークデーに急に予定が無くなった場合などは、嬉しさのあまりついついオーバーワークとなってしまうことも少なくない。

以上のように、一般のサラリーマンの方々に比べると、相当に時間があるのかもしれないが、背負っている債務は重く、実は三六五日、二四時間体制に近い。かなり過酷な人生となる。ただし、国立大学教官という立場に置いていただいている身からすると、この程度は当たり前と思い、対応していかざるをえない。実に奇妙な人生というべきであろう。他の人たちが休日や祝日を楽しんでいるその時に、髪を振り乱し、頭から湯気を出し、機関銃のようにキーボードを叩き続けているのである。要は「世間が休んでいる時」に書きまくるしかないのである。それが嫌な人は生産性を上げることはできない。生産性を上げる「巧い手」など、実はどこにも無く、とにかくキーボードに向かう時間をひねり出し、余分なことを考えずに、叩き続けることであろう。

†電話やメールからひたすら身を隠す

特に、『書籍』一冊分の長編を書いている場合は、余分なことで邪魔されたくない。手帳の細かな隙間を常にチェックし、空いている時間を確認、できそうな仕事のボリュームをイメージし、必要資料とフロッピーを常に持参する。私の立ち回り先は自宅と大学の研究室に加えいくつかあるが、どこでも仕事が可能な形にしてある。

集中して書いている時に、困るのは電話である。そのうち持つかもしれないが、今のところ、私は携帯電話は持つ気はしない。据え置き電話も、仕事に集中している時期は、二四時間、留守電にしておく。機種によって違うのかもしれないが、私の書斎と研究室の電話は留守電の際の先方の声が聞こえるタイプであり、相手と用件を確認して、必要な時だけ直ぐ電話に出る。たいした用件ではない時は、出ない。また、二〜三日留守にすると、留守電は二〇〜三〇件ほど入っているが、そのうちメッセージのあるものは二〇%くらい。八〇%の電話はたいした用ではないと、判断している。

私の書斎は地下にあり、生活部分の一〜二階とは電話を別系統にしてある。家族は私の電話は決して取らなくてもよいとしている。かつて、電話を一系統にしていた時、留守がちの私への電話の多さに家族がパニック状態になり、「食事を作る時間もない。トイレにも行けない」と怒りだし、以来、別系統にした。連絡が取れなくて困るのではないかとも思ったが、四年やってみて、何の支障もないことがわかった。秘書でも置いたらと言ってくれる方もいるが、そんな立場でもない。連絡が取れたのは「縁があるから」であり、連絡がつかないのは「縁がない」と考えて、お互い諦めるのがよさそうである。不思議なことに、本当に用のある方とは連絡はスムーズにとれているようである。世の中全体に便利になりすぎて、不必要なことが多くなっているのではないか。

この点、メールもなかなか興味深い。自分から使うのは非常に便利と考えているが、逆に、受け手の側となるとなかなかたいへんである。最近、私のアドレスもだんだん知られてきて、見知らぬ方からのメールを随分といただく。日に日に、増加傾向が観察される。真面目に対応していたら、一日に一〜二時間かかりそうな雰囲気になってきた。余分なことにはできるだけ関わらず、わずかな時間をひねり出そうとしている身からすると、メールに応え続けることは苦しい。現在では、さっと眺め、仕事上の連絡だけ確認し、たいへん失礼なことをしてしまっているが、あとは見ないことにしている。応えようがないのである。この点、何か巧い手があったらぜひ教えて欲しい。

どなたでも、そうであろうが、私のところにも、手紙、FAX、留守電、メールと大きく分けて四つの媒体からいろいろなものが入ってくる。現在では、手紙をしたため、切手を貼ってポストに入れることは、たいへんな作業になっており、その努力には真先に応えなくてはならない。ダイレクトメールの類はハサミで開けるだけで捨てている。私信に類するものは丁寧に読んで必要に応じて返事（手紙）を書く。第二番目はFAXであり、これも丁寧に見て返事（FAX）を出す。現物が目の前にあることの存在感はそれなりに大きい。留守電もメモし、必要に応じて返事を出す。現在では、最後に見るのがメールであり、そのころには疲れが増し、返事（メール）は適当になる。今後、どんなことになるかはわからぬが、現在は以上の順番である。若い世代は順番が違うのかもしれない。また、不思議なことに、返事は、手紙の場合は手紙、FAXはFAX、メールはメールで返している。この違いによって、付き合い方の中身や密度は、今後、異なっていくのだろうか。

仕事柄、コミュニケーションの重要性はよく理解しているつもりである。だが、近年はあまりにも多すぎる。よそから、不意に入ってくる情報で貴重なものもあるが、やはり自分の足で稼いだ「現場」の情報が一番である。また、自分が汗をかいて獲得した情報は身についてくる。現在の通信環境の中では、黙っていてもよそから情報が入ってくる。ただし、それに時間を取られていると、ますます「現場」に踏み込む時間がなくなり、さらに執筆する時間もなくなる。私にとっては「現場」と「執筆」が主戦場なのである。自分の中にあるエネルギーの全てをこの「戦場」に投入していかなくてはならない。このあたりは自分で判断し、独自の仕組みを作り上げていくことが必要と思う。少なくとも、現在の余裕の無い私にとっては、自分の「戦場」が一番重要であり、地下室にもぐり込み、他からは身を隠し、ひたすら戦い続けていきたいと願っているのである。

2 締め切りまで持ち越さない

時間に追われっぱなしの私が、気を付けていることの一つは、依頼原稿の締め切りは決して遅らせないという点である。今後、どうなるかは全く予測がつかないが、年々依頼原稿が増加し、長短合わせて最近では年間一〇〇件は下らない。一〇年前は五〇件前後であり、「週刊誌並みだ」と冗談を言っていたものだが、一〇〇件にもなると、事態は相当に深刻である。編集者の方々もなかなかであり、断るつもりで「今は忙しい」と言うと、「暇になるのはいつか」と来る。先が予測できない現状では、そこで詰まり、結局引き受けさせられてしまう場合が少なくない。「原稿」を書かせていただくなど、若いころには必死にお願いさえしたものだが、だいぶ生意気になっている自分にしばし呆然とする。気を付けねば。

†空いている時間に突っ込む

『書籍』の執筆計画が年間の根幹にあり、そこに一〇〇件もの雑誌原稿等が加わってくると、よほどの集中力で進行管理をしていかないと、たいへんな混乱をきたす。私の場合の基本的な「やり方」は、決して「締め切りまで持ち越さない」「締め切りの順番ではなく、やれるものから、早め早めに片づける」である。これ以外に方法はない。

これも「手帳」だけで管理している。まず、引き受けた順番に手帳に記載する。一件一行のスペースに、依頼元、締め切り日、ボリューム（枚数）を記載する。テーマをメモることはほとんどない。これを手帳に一覧化しているだけである。私は一日のうち何度も手帳を見る。穴の開くほど見続ける。特に、電車の中などで、そうした時間を持つ。内容は問わず、どの程度のボリュームか、いつ締め切りかを確認し続ける。そして、各原稿は何時間かかるかをイメージする。新聞の一五〇〇字ほどであれば一時間程度、四〇〇字詰一〇枚程度であれば三時間、二〇枚程度であれば半日と納得していく。

そして同時に、この先の手帳のスケジュールの空白を探し、どのポイントで取りかかれるかを推測する。したがって、締め切り日の順番ではなく、空白のボリューム（時間の長さ）に合ったものを放り込むことになる。例えば「木曜日の午前中が空いているから、この一〇枚の原稿を書こう」という具合である。日曜日は二〇枚の原稿一本、一〇枚程度の原稿一本、そして、寝る前に新聞原稿一本くらいはこなせることになる。また、ウィークデーで夜の八時ごろに帰宅できるようなハッピーな日には、入浴、食事の後、残りの時間に合わせて一仕事は可能になるであろう。

そして、これらの原稿は、ものによっては二カ月も前に完成しているものもあるのだが、直ぐには相手に送らない。二週間から一カ月くらい前に送ることが多い。手帳での管理上は、終わったものは緑色のマーカーを引いてある。ただし、発送前のものはマーカーを途中で止め、発送後に日付を入れ、マーカーを最後まで引く。管理はこれだけである。そして、掲載された印刷物が送られてくると、そのことを示す印をつけておく。雑誌によっては送って来ないこともあり、しばらくたっても来ないものは請求する。過去、一〇〇〇件ほどの掲載物があるはずだが、私の手元では現物はほとんど管理されていない。手帳だけが頼りである。だが、二〇年も前のものには、既にたどれないものもありそうである。

†既に送っていた原稿

かつて、一〇年ほど前、不思議な経験をした。手帳の依頼原稿のスケジュールを眺めていた。そろそろやらなくてはと思える依頼がいくつか確認され、先の予定の空欄をイメージしていた。これはここで書くなどと自分に言い聞かせていた時、ある原稿の枚数が気になった。四〇〇字詰で四〇枚ほどというのである。忙しい時にやや多い。少しまけてもらいたい気分で、旧知の編集者に電話した。「おーい、元気でやってるかね」とエールを飛ばし、世間話をした後、頃合いを見計らって「ところで、例の原稿いつまでだっけ」ととぼけて探りを入れたら、先方は「何の原稿」と聞いてきた。「ホラ、例のやつだよ」と切り返すと、何と、彼は「エー、それはもう二カ月も前に受け取っているよ。早くくれて助かっているよ」と言うのであった。

二カ月も前に提出した際、マーカーの引き忘れで、既に私の記憶には残っていなかったのであった。これには参った。以来、マーカーの記入は特に気を付けている。歳と共に、ボケが進行しているのかもしれない。

そうした変なミスがあったものの、記憶にある限り、私は締め切り日を一度も遅らせたことはない。これは自分なりに、たいしたことだと思い、今後も死守したいテーマでもある。私自身も雑誌の編集をやったり、また、現在でも先の『共編著』の編集に関わっている。編集にはいろいろな苦労があるが、圧倒的な苦労は「書き手が締め切り通りに原稿をくれない」という点である。これが最大の課題であり、編集者は胃を壊す。

そうした編集者の気持ちになってみると、一番嬉しいのは「原稿の内容よりも、早くくれること」だということがわかってくる。最初の一編が届いた時は、これで始まると気持ちが高まり、全体が見えたと乾杯をしたい気分になるほどである。早く原稿をくれる書き手は、編集者仲間で評判になり、内容は別にして、依頼は次第に増加してくる。「あの人は大丈夫」と言うのである。私は、まさにそうした典型であるのかもしれない。後の章で、フィールドや環境をいかに育てるかというテーマを扱うが、この編集者との関係も全く同じであり、信頼関係を深めていくには、「締め切りに遅れないこと。さらに、早めに出して安心させること」が最大のポイントとなることは間違いない。そこに、内容が伴えば「鬼に金棒」である。

また、このように編集者との信頼関係が深まれば、こちらから原稿の掲載も頼みやすい。さらに、私の年齢になってくると、周辺にいる若手研究者や研究室に所属する大学院生の原稿掲載を頼まなければならなくなるが、それもなんとかなる。これも、「早め、早め」の成果であろう。その場合、若手研究者や大学院生には、「締め切りよりもかなり早く提出すること。枚数、文字数は絶対にオーバーしないこと。文字数はピッタリ合わせるぐらいでないといけない。編集者の気持ちになり、好かれるようでないといけない」と指導している。原稿は自分だけで書いていると思ってはいけない。紹介者に絶対に恥をかかせてはいけないし、また、少なくとも、印刷物として公刊することは編集者との共同作業であることを理解する必要がある。この世界では、若いころから、そのような訓練が必要なのである。

†ラブレターのように書く

周囲の先輩や同僚の方々を横から拝見していると、実にじっくりと丁寧に仕事をされている方が少なくない。じっくり時間をかければ良いものができるのかもしれない。人それぞれのリズムがあり、時間の流れ方も違う。自分なりのペースでやることが一番であろう。

だが、私のように時代の流れの中に身を置き、できる限り前線に立ち、『同時代の証言』を書き続けたいと考えるならば、スピードが非常に重要な問題になる。

また、「締め切りが来ないと、書く気にもならない」と豪語されている方もいる。締め切り前に十分な準備をされているのかはわからないが、その堂々たる姿には圧倒される。五〇歳をすぎても、依然として駆け出しのレベルから脱出できない私から見れば、いつになったら、あのような大物になれるかと、憧れる部分もある。とても、まだまだ無理なようである。

当面の駆け出しレベルの対応としては、「とにかく早くやり」、次に備えるしかない。完璧は求めない。完璧など考えない。このあたりでまずまずOKの見極めを早くつける。一〇〇点はいらない。自分の尺度で八〇点を超えていれば、まずヨシとする。一〇〇点にかなり近いと思えるものを時々やり、八〇点、九〇点のヒット、二塁打ぐらいを適度に混ぜ合わせながら、全体としては、なんとなく「うまく行っている」レベルを確保することを考える。勝負は一度だけではなく、延々と続くのであり、力をうまく配分しないと長続きしない。全体の流れの中で、個々の打席での打ち方を考えていく必要がある。ただし、こうした見方は、こちらサイドの勝手な思い込みであり、評価は世間がすることはいうまでもない。

実際、長くやっていると、時間をかければ良いものができるわけではないことが実感される。かえって、短時間で仕上げたものができが良く、社会的に高く評価される場合も少なくない。むしろ、「思い」が深まり、一気呵成に書き上げたものは、テンポも良く、読み手に訴える結果となっているようである。

この点、今でも肝に銘じているが、私は二七歳ごろに、非常に大きな衝撃を受けたことがある。まさに「青天の霹靂」であった。大学の紀要に初めて論文らしきものを掲載させてもらった時のことである。文献のサーベイを徹底的に行い、全精力を投入しての論文であった。この一本に全てを絞り出し、次は書けないのではないかというほどの力を込めていた。誰でも、そうした時期はあると思う。自信と不安を交錯させながら、指導教授の中川和彦先生の所に持参すると、焼き肉でも食いに行こうと誘われた。先生は焼き肉をつつきながら、ペラペラとめくり、実に気楽な風情で、「ここの四〜五行、よくわからないけど、君の一番得意な外国語に訳してごらん」と投げてきた。焼き肉も喉に通らないまま、必死に英語に訳して、手渡すと、「なるほどわかった。じゃあ、この英語を忠実に日本語に訳してごらん」と言われた。日本語に訳した文章は、明らかに「平明」なものになっていた。「肩に力が入りすぎてはいけない。『平明さ』が一番である。君のガールフレンドが読んでもわかるものでなくてはならない」という指摘は今も忘れない。

次に、論文全体の指摘を受けた。「君にもガールフレンドがいるだろう。自分が入れ込んでいることを彼女に理解してもらいたいであろう。ラブレターを書く時はどうだ。必死に『思い』を伝えようとするだろう。彼女の気持ちを引きつけるために、構成、表現に全力をつくすであろう。論文もそのように書きなさい」と言われたのであった。以来、書き物はラブレターの気分で書くことに努めている。世間には、『論文の書き方』などのガイドブックが氾濫しているが、本屋でパラパラめくっても、いつも一番大切なものが抜けているのではないかと思ってしまう。『論文』や『書籍』は社会に対するラブレターであり、自分の伝えたいことを『思い』を込めて、一気に書き進めることが一番ではないかと思う。「思い」の無い『論文』や『書籍』などやめた方がよい。「思い」があるから書くのであり、「現場」との格闘の中で「高め」られ、伝えるべきものがあるから「書く」のである。その「現場」とは、私の場合は「地域産業の『現場』」であるが、それぞれの方は、また別のそれぞれの「現場」を持っているのではないかと思う。「思い」を込めて、「平明」に。これは、私の目指すものになっている。

3 補論――講演はどうする

長く特定の領域を手がけていると、そのうち、講演や研修会に呼ばれることも多くなってくる。呼ばれる先は実に様々であり、役所の政策研究会から、企業経営者の集まり、一般市民の公開講座など実に範囲が広い。最近では、私の抱えている一つの大きなテーマである「モノづくり」の復権を意識して、工業高校生相手の講演もしている。このあたりは、私の『新「モノづくり」企業が日本を変える』(講談社、一九九九年)を手に取っていただければと思う。

講演会や研修会は、私の考えていることを伝える絶好の機会でもあり、依頼される場合は、主催者別に取りあえず一回はできるだけ引き受けることにしている。二回目以降を引き受けるかどうかは、一回目の様子で判断している。私の時間も限られており、全てをお引き受けするわけにもいかない。

†特別の準備はしない

講演をするようになったのは、三〇歳代末ごろからかと思うが、最初のころは緊張し、相当の準備をしたものであった。依頼されたテーマと与えられた時間をイメージし、構成を考え、必要資料の整理を行い、準備万端で向かったものであった。でも、振り返ってみると、あのころの私の講演は、全然つまらなかったのではないかと反省している。こうした点は、現在、若い人の講演や報告を聴いていて痛感する。準備は十分しているし、話の内容も濃いが、こちらに深く伝わり、記憶に残るものがないのである。やはり経験不足ということであろう。聴きに来ている聴衆が全然見えていないのかもしれない。

講演というスタイルは、一見、話し手が一方的に語るだけのように見えるが、実は、そうでもないことが、そのうちわかってきた。聴衆の反応をうかがいながら、対話を続けていくのである。このことが理解されてきてから、特に、準備はしないことにした。

依頼してくれた主催者側もそれぞれであり、実に細かく内容に踏み込んでくる場合もあり、また、全面的にこちらに任せてくれることもある。二回目以降の場合は、こちらの考え方も理解され、全面的に任せてくれるケースが増えてきた。講演のタイトルは、えらく細かいテーマの場合は別にして、一般的な場合は、私は何でもかまわない。できるだけ大雑把なものにしてもらっている。『二一世紀の元気な中小企業とは』『地域産業と日本の「モノづくり」』『これからの地域産業振興のあり方』『製造業の対中進出のあり方』など、私にとってはかなり幅のあるタイトルにしてもらっている。要は、何でも話せる環境にしておくのである。長く付き合っている団体のいくつかからは、毎年、先生の見た「現在と未来」を語って欲しいと、『無題』で講演を依頼され続けている。当方とすれば、昨年と同じ話はできず、この一年の経験を踏まえて、刺激的な話を組み立てていかざるをえない。講演会もこのくらいの緊張感が必要と思う。

また、困るのは「レジュメ」が欲しいと言われることである。レジュメの場合、たとえ四〜五行でも、話の道筋を書かなければならない。だが、講演の「現場」でいつもそのように進むとは考えにくい。周囲の状況を何も考えずにレジュメ通りに進めると、聴衆との距離は開くばかりであろう。むしろ、聴衆と対話するという考え方に立てば、方向はどこに向かうかわからない。レジュメの存在は「研究報告会」などを別にすると、一般の講演では障害になる場合が少なくないのである。

では、私のやり方はどうか。まず基本は「できるだけ『平明』な組み立てと、話し方にする」「一つでも『記憶』に残る話を提供できるように努力する」「聴衆に『希望』と『勇気』を与える」を心掛けている。そのためには、できるだけ臨場感のある「ごく最近に自分の経験した『現場』の話を適宜入れる」ことに努めている。一時間程度であれば一テーマ、一時間半ほどであれば、二つほどの話をとりあえず用意しておく。講演会場に向かう道すがら、電車の中などで依頼文等を眺め、一応のイメージを形成しておく。準備はこれだけである。私の頭の中には、一時間から二時間程度で話すべきテーマと内容が約二〇くらい用意されている。それは三〇分でも可能であり、三時間に引き延ばすことも可能である。基本的には、それら二〇ほどの引き出しの中から、一つ、二つを用意しておくのである。

†聴衆と「対話」する

講演の「現場」にはできるだけ早く着くようにしている。主催者よりも早く着くこともある。こうした場合は、ほぼ完全に心理的に優位に立てる。ギリギリや遅れることは最低である。元々、私は車を運転しないが、特に東京の場合、車は禁物である。渋滞により車が遅れることは言い訳にもならない。公共交通機関の事故の場合は、やや許してくれる雰囲気である。また、何かの委員会の場合、自家用車で乗り付けた委員から「そこまで来ているが、駐車できずに回っている」との連絡があると、「またか」と白け、信頼を失っていく。早めに着き、悠然としていることが、主催者側に安心感を与え、信頼を深めていく最初のポイントとなろう。

講演会がスタートすると、まず、自己紹介や最近の出来事などの雑談を五分程度しながら、聴衆の様子をうかがう。講演会もいろいろであり、全員積極参加から、嫌々動員されている場合まで多様である。一般的にいうと、中小企業経営者の集まりが一番良い。何か一つでも貰って帰ろうとする迫力がある。一番ダメなのは動員されている労働組合やサラリーマン相手の場合かもしれない。最初から聴く気ではないのである。また、高校生も難しい。私は、現在、専門高校の復権を意識して、工業高校で全校生徒を相手に講演することもあるが、彼らはなから聴く気がない。このように、講演も楽な仕事ではないのである。

まず、五分程度雑談をしていると、この人たちは「何に関心があるか」が見えてくる。特に、前の方に座っている数人の反応が重要である。それを見極めてから本題に入っていく。本題に入ってからも、注意深く聴衆の様子を観察する。特に、眠っている人に着目する。時々、ジョークを飛ばし、笑いを誘うと、眠る時間と決め込んで来た人も、次第に何事かと目を覚ますことになる。後は、一番関心を持って参加している層と、眠りに来た人をターゲットに話を進める。いつものように最先端と最後尾への着目である。当然、話のスタイルや組み立ても微調整を続け、二〇〜三〇分も経ったら、誰も眠らせない。いつも同じような話をしているのではないの、と思われるかもしれないが、実は「講演会」というのは、私にとっては「社会に対するメッセージ」を発する機会であり、対話を続けて「新しいテーマ」を確認する機会でもあり、さらに「支持者を獲得」していく機会でもある。先に、『書籍』にするための多方面にわたるやり方を紹介したが、講演会も一つの「現場」として、私の一連の仕事の中でも重要な位置を占めているのである。

†懇親会も出会いの場

実際の講演会の場合、ただ話をしているだけの人、小道具を使う人、大部な資料を配付する人、ホワイトボードや黒板を使う人、OHPを使う人、さらには、最近はパワーポイント等の最新鋭機材を使う人など、実に多様である。私は、基本的にはホワイトボードや黒板を使う人に類別される。ホワイトボードを使い、細かなことを書き続けるかというと、そうではない。細かなことは書かない。キーワードや先に指摘した「図形モデル」を書く程度である。それならOHPなどを利用した方が時間の節約になるのでは、という意見もある。

特に、理科系の方々の講演や報告はOHPなどを使い、細かく説明している。そうした講演や報告を聴く場合、よく感じるのだが、細かすぎて頭に入らない。また、会場を暗くすると「眠くなる」のである。細かな数字等を伝えたいのならば、別途資料を配付し、後で見てもらえばよい。実際、ＯＨＰを準備し始め、暗くすると、一瞬にして、後ろの方はほとんど寝てしまうのである。また、ＯＨＰを準備すると、先のレジュメと同じように、話をしていく流れが決まってしまい、聴衆との距離がどんどん開いていく場合も少なくない。かつて、何度かＯＨＰを使ってみたが、現在ではやめにしている。

この点、ホワイトボードは、変幻自在、融通無碍であり、どのような方向へも転進できる。機動性は極めて高い。ホワイトボードにはキーワードや簡単な図形程度しか書かないが、それが一時間、二時間の講演の伏線となり、聴衆の記憶に残ることを期待している。一～二時間の講演で話せることも限られている。また、情報を大量に投入しても、消化不良を起こすだけである。要は一つか二つの「記憶」に残ることがあれば十分なのである。聴衆の様子をうかがい、対話を重ね、ここだというポイントを探りながら、一つでも「記憶」に残る話をし、そして、「希望」と「勇気」を与えられれば最高である。

さらに、講演会等の後に、聴衆を含めた懇親会が開かれることも少なくない。私は、できるだけ出席するようにしている。一～二時間の懇親会の席上では、さまざまな人が話しかけてくる。「オッカケ」のように、先生の話は今回で四回目です、と近づいて来る方もいれば、前半は寝ていた方が「面白い話でした」と語りかけてくる場合もある。「貴方を起こそうと思って、ガンバリました」と言うと、相手は恐縮して、その後、深い友人関係になっていくことも少なくない。要は、講演会は一方的なものではなく、対話の「現場」であり、さらに、新たな交流を生み出していく「現場」なのである。

この章のテーマは「生産性を上げる法」というものだが、それは一見、文字をどれだけ早く書き続け、印刷物にできるかが焦点のようだが、それだけではない。生産性を上げるためには、社会との関係を常に保ちながら、自分の考えていることの確認を重ねることが重要であり、社会からの批判、指導をいただくことも必要である。特に、私の場合には「地域産業問題」「製造業の問題」等が守備範囲であることから、実際に地域で必死に経営されている中小企業の経営者の意見が最重要である。講演会や懇親会は、そうした人びととの出会いの場であり、自分の考えていることを確認していく「現場」なのである。

そして、このような経験を重ねながら、彼らの「思い」を受け止め、後は「必死に書く」しかない。講演会で、当面考えていることを披露し、懇親会で意見をいただき、さらに考えていることを深めていく。その積み重ねの中で、ここだと思った瞬間に「必死に書き」始めるのである。地域産業の「現場」で出会った人びとと、懇親会で逆に激励された人びとの「思い」が背中にある限り、「生産性は、否応なく上がっていく」ことはいうまでもない。

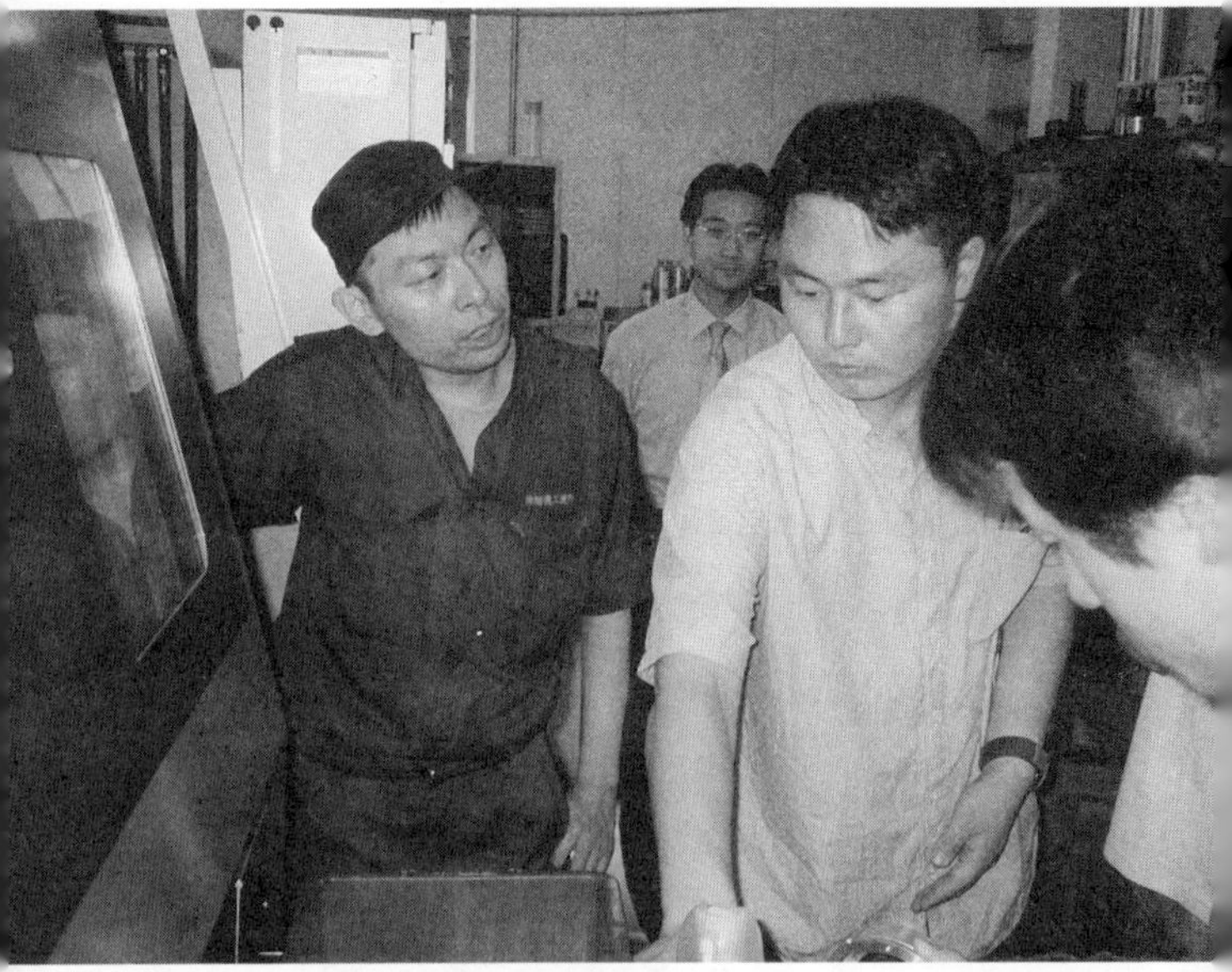

V フィールドを育てる

ゼミ生の現場訪問（相模原市）。「座学」より現場訪問の方がはるかに学生にインパクトを与え、地域産業の現場も活性化する。

地域産業の開発をテーマとする私たちは、まず「現場」と巡り会い、多様な付き合い方を通じて深く知り合い、何らかの影響を与えていくことを目指している。この間、『報告』を書くことは重要なポイントの一つとなる。全体の付き合いは「一生もの」としても、『報告書』や『書籍』の作成は、「現場」に適度の緊張感を与える。ある程度の『報告』を書くまで、短い場合で三〜四年、長い場合は二〇〜三〇年もかかる。

それぞれの「現場」にはそれぞれの時間の流れがあり、私たちは多くの「現場」を抱えながら、複線で対応していかざるをえない。また、三〜四年の付き合いで『報告』まで行ってしまう場合、それで終わりかというと、もちろん、そうではない。取りあえずの『同時代の証言』をしたためただけであり、付き合い方を変えていく契機として『報告』が位置づけられる。そこから、より深い付き合いが始まるのである。

この章では、ここまでの検討を踏まえて、自分の「フィールド」と見定めた「現場」と、私たちはどのように付き合っていくべきかを論じていくことにしたい。この章で検討する部分が私の最大のノウハウというべきである。

1 刈り取るだけではダメ

先に指摘したように、「現場」と付き合うには、「一生付き合う」ほどの覚悟が必要とされる。どこかで情報を仕入れ、また、研究費が取れたなどの事情から、おいしそうな「現場」にアンケート調査票を持ち込み、「現場」のこころにふれることもなく『報告書』を仕立て、一件落着としているケースがあまりにも多い。翌年、その「現場」を訪れ、どんな具合の調査だったのかと確認してみると、地元のキーマンでさえ「記憶がない」ことも少なくない。地元に何も響かない調査は、実は全く意味もないのである。

†「現場」に認められる条件

先にも見たように、「現場」に数回入った程度では、お客さんにすぎない。「〇〇調査団」「〇〇大学教授」などというと、地元はいちおう丁重に扱ってくれる場合も少なくない。夜の懇親会にもそれなりに対応してくれる。その後、『報告書』等が送られてきても、昨今は地元にほとんど波紋も起きない。この数十年の間に多くの調査団が訪れ、また、地元でも多額のお金を投じ、都会のシンクタンクに「産業振興ビジョン」を依頼しているケースが多い。だが、見てくれの良い『報告書』を作成してもらったものの、現実離れしていてまるで役に立たず、お蔵入りしているのが実情である。

なぜ、そうしたものが地元の人びとに響かないのか。それは、しごく簡単である。地元に対する「愛情」が乏しいからにほかならない。いずれにおいても、調査している間だけは、それなりの「関心」を寄せるが、『報告書』を書き終えれば興味も失ってしまう。こうしたものが地元に響くわけはない。むしろ、地元の人びとは、じっと様子をうかがっている。この人はこれからもずっと来る人なのか、自分たちと同じ高さの目線で付き合っていく人なのか、そうでないのか。回数の問題ではないが、少なくとも、数回程度ではお客さんの域を越えることは難しい。

どうしたら、この壁を突破できるのか。どうしたら、受け入れられるのか。「愛情を注ぐ」「愛し続ける」以外にないのだが、それを表現したり、理解してもらうことが難しい。何度も訪問する、交流を深めようとすることは不可欠だが、それだけでもなさそうである。だが、ある瞬間「私は受け入れられた」と感じることがある。そのために「会うたびに、飲み続け」ている場合も少なくない。同じことを何度も嫌になるほど繰り返し語り合う。そして、目線の高さがほぼ同じになり、ベクトルが重なる瞬間が来る。そこで、ようやく受け入れられる。逆に、その瞬間まで、私の方が試されているのかもしれない。「現場」にとっての外部の人間は、何よりも「役に立つ」ものであることが求められる。この「役に立つ」とは、経済的に貢献することが一番わかりやすい。また、短期的に経済的利益をもたらさなくても、長い目でみて「役に立つ」ことが不可欠である。例えば「現場」に有益な刺激を与えたり、適切な助言をし続ける、あるいは「現場」の情報を地元に有益な形で、適宜、世間に広報し続けることも、「役に立つ」ことの一つである。この人は、そうした気持ちと能力があるのかどうかを、「現場」はじっと凝視し続けている。

この点、私の場合、加齢と共にそうした能力のいくつかが備わってきた。むしろ、私はそうした能力を身につけることをかなり強く意識してきた。そのためには、全国のいろいろな企業との付き合いを深め、工場の立地選択や取引先の開拓に適切な助言を与えるほどの影響力を身につけること、多様な広報のための媒体をつかんでおくことが鍵になる。そして、いくつかの実績が重なれば、「現場」の方からの視線も変わってくる。こうした能力は一朝一夕に備わるものではなく、その人の資質に加え、意識的に環境を自身で作り上げていくことも必要である。それには、相当の気力と時間がかかる。

では、私は何でそんなことをしているのか。「時間をかけるわりには見返りが小さいのではないか」と多くの友人たちは言う。別に、私はここから個人的な経済的利益を得ようとか、一冊の本を書いてサヨナラとは思ってもいない。私が目指しているのは、やや不遜な言い方だが、地域産業の「現場」の変革を通じて、次世代に「希望」を与えることである。そうしたことを続けていると、多方面の協力者と活動資金は自然に集まってくる。

世界の枠組みが変わり、日本は未曾有の構造改革の時期を迎えているが、成功体験の強すぎた既存の勢力主導の上からの取り組みでは、この国は変わりえない。彼らは「現場」を見たこともなく、「前線」に立ったこともなく、何も見えていない。「現場」が見えるということは、「現場」に愛情を注ぎ、「現場」に受け入れられることが必要であり、「一生付き合う」ほどでなければ難しい。しかも、「現場」を変えるのは当然「現場」の人びとであり、その人びとと「思い」を共有し、具体的に踏み込むことが求められる。

「戦略論」に「一点突破、全面展開」という言葉がある。既存の枠組みが強固である場合は、これしかない。一つひとつの「現場」に深く関わり、具体的な成果を上げ、「やればできる」ことを広く知らしめていく。一つの小さな成功が周囲に刺激を与え、それが燎原の火のごとく拡がっていくことが期待される。そのような戦略的な取り組みの中に、外部の私たちのような存在が、適宜、コミットしていくことが必要なのである。

多くの「現場」調査のやり方を見ると、実った果実を一気に刈り取りに来ている場合が少なくない。何らかの形で情報を収集し、ここぞとばかりにターゲットを絞り、資金と人員を投入して進駐し、刈り取っていく。そして、そこには何も残らず、また、新たな種を送ってくれるわけでもない。こうしたやり方が、ずっと続いてきた。それが「大学の先生のやることは、役に立たない」と言われる背景となっていた。もう、こうしたやり方はやめるべきではないか。むしろ、今後、私たちのやるべきは、地元の人びとと共に、地道に種まきから刈り取りまでを繰り返し、積み上げていくことではないか。こうした認識は、「現場」を三〇年もやっていると次第に深まっていく。

まず、「現場」に入ったら、耕す人びとと「会うたびに、飲み」、何度も夜を徹して語らい続けることである。そして「役に立つ」人間として信頼を深める中で、ようやく受け入れてもらうことができる。種まきの前には、共に耕し、肥料を入れて土を豊かにしていく。そして、種をまき、水をやる。芽が出れば添え木をあて、育ちやすくしていく。雑草を抜き、肥料をやり、虫が付きそうであれば袋をかぶせ、収穫の時を待つ。「現場」と付き合うとは、そういうことなのである。

収穫後は、皆でそれを祝い、また、畑に堆肥を入れて次のシーズンを待つ。そして、翌年は新たな種を求め、育て方に新たな工夫を凝らし、また一年が積み重なっていく。要は

「現場」を育てながら、自分も育ち、共に豊かになることを目指すべきなのである。さらに、『報告書』『書籍』といった収穫物は一回で終わるべきではない。むしろ、その収穫物は新たなシーズンの出発点として位置づけられ、さらに「現場」を育て、自分が育つための始まりとして見ていく必要がある。

また、このような「現場」は、進み方、さらに進む時間もそれぞれである。「現場」に踏み込む私たちは、それらの微妙な違いを見定めながら、その時々に適切な付き合い方をしていく必要がある。作物は一年でできるものもあれば、半年の場合もあろうし、また木材のように数十年もかかるものもある。また、作物によっては育て方がまるで違う。この点は、地域産業の「現場」も同様である。進む時間の流れ、やり方もそれぞれなのである。数十カ所の「現場」と付き合う私たちは、それぞれの動きから視線を外さず、適切な対応を重ねていくことが求められているのである。

†キーマンの育成

「現場」と付き合う際の最大の焦点は、次の時代の「現場」を担い、リードする「キーマン」たるべき人材を探し出し、深く語り合いながら、お互いのエネルギーを高めていくことであろう。特に、「一生もの」と思った「現場」の中から、命懸けで活動しようとする

「人材」を見つけ出し、その「人材」と「思い」を共有しながら、彼が思い通りに力を発揮できるように、側面から徹底的に支援していくことである。何よりも、一つの成功を作り出すことが必要なのである。そして次のステップとして、その成功を公開して周囲に刺激を与え、新たなエネルギーを導き出していくことに最大限の努力を傾けていくことが肝要であろう。いわば「志」の連鎖を導いていくということである。

このような点からすると、幸いなことに、私はこの十数年、岩手県で実に得難い場面に巡り会うことができた。

かつて岩手県は「日本のチベット」などと言われ、東北六県の中で最も貧しいとされていた。だが、現在はどうか。地域問題の専門家の間では、全国でも最も勢いのある県として注目されている。それは、この十数年の岩手県庁の「戦略的な政策展開」と、北上、花巻という隣接する二つの基礎自治体の「称賛すべき取り組み」にあったといってよい。

振り返ってみると、十数年前から、岩手県庁の三〇歳代半ばの若手の中に一つのエネルギーが集中し始めた。当時、県庁若手職員のリーダー格であった相沢徹氏（一九四八年生まれ）と深夜まで酒を酌み交わしながら、しみじみ語り合った。「岩手は貧しく、県土も広い。これまで限られた資金と精力を全県に広く投下してきたが、どうだ。何も変わってない。ドブに金を捨てただけではないのか。もう、こうしたやり方はやめよう。限られた資金と精力を県内市町村の中の最も可能性を感じられる『地域』に投入し、一つの見事な成功を作り出すべきではないか。そして、一つの成功を見た他の市町村が『反発のエネルギー』を蓄え、次に踏み出していくことを期待すべきではないか。まさに、地域政策で『一点突破、全面展開』の戦略をとるべきだ」。そして、当時の岩手県では「北上市が突破口になる」と熱っぽく語り続けるのであった。彼と私を囲む二〇歳代の若手たちは、握りしめた拳を膝に、射るような燃え上がる視線を私たちに向け続けていたのであった。

その後の顚末は、私の『テクノポリスと地域産業振興』（新評論、一九九四年）、『空洞化を超えて』（日本経済新聞社、一九九七年）を参照していただきたいが、北上市は企業誘致を軸に見事な成功を収めていく。相沢氏を中心とする県庁の面々と、当時の北上市長・高橋盛吉氏を中心とする北上市役所の中堅職員が一体になり、さらに私たちも加わり、地域産業政策上、「やればできる」ことを実証していったのである。

さらに、北上の成功が見え始めた九〇年代初めには、一点突破の次として隣の花巻を視野に入れていく。かつて温泉観光で栄えた花巻は、繁栄する北上の後塵を拝し「反発のエネルギー」を蓄えていった。県庁の若手職員と私たちは花巻に入り、キーマンとなりうる人材を探していく。「会うたびに、飲み」、花巻市役所の若手・佐々木俊幸氏（五七年生まれ）と花巻機械金属工業団地の若き事務局長であった似内裕司氏（五八年生まれ）に白羽の矢を立てていく。そして、北上プロジェクトの中に彼らも引き入れ、さらに「反発のエネルギー」を蓄えさせていったのである。

その後、彼ら二人を軸に花巻の若手市役所職員、商工会議所の若手職員、さらに、地元の若手経営者、二世などが集結し、新たなうねりを引き起こしていく。花巻の場合は、北上の「企業誘致」の成功に対して、「内発型で行く」と気勢を上げ、積極果敢にインキュベータ施設（新規創業のための施設）を設置、現在では、全国で最も「独立創業のしやすい地域」として知られている。そして、この隣接する北上と花巻は、互いに強烈なライバル意識を抱き、全国でも最も活力のある地域として高く評価されているのである。

花巻市起業化支援センター

また、花巻の場合は、佐々木氏を中心にする市役所、会議所の若手、若い経営者、二世がコトを起こし、「花巻市起業化支援センター」というインキュベータ施設を設置していくが、その運営に当たっては、Uターンしていた地元出身の技術者であり、技術営業の経験も深い佐藤利雄氏（五六年生まれ）を説得して、以後の運営にあたらせている。佐藤氏は全くの「はまり役」であり、全国の同様の施設のコーディネーターの中でも、最も評価が高い。彼のモットーは「常に明るく元気に、笑顔で」「否定語は使わない」「相手が来なければ、こちらから行く」などであり、私も彼から「元気」をもらうことが少なくない。この花巻の経験では、ステージごとにキーマンが変わっていくということであった。一人で最後までやろうとしてはいけない。後継者の育成、さらに、場面ごとの役割分担等を冷静に考え、一時代をリードしたキーマンでも、引く所は引く覚悟が必要なようである。

佐藤利雄氏

　この一連の流れに私も参加していたが、「現場」を揺り動かしていくには、なによりも、キーマンを掘り起こし、「思い」を共有しながら、地域のエネルギーを結集し、コトにあたることが不可欠であることを実感させられた。そして、私たちの役割は彼らのエネルギーが低下しないようにサポートすることであり、「会うたびに、飲み」、語り続けることであることもよくわかった。それにしても「会うたびに、よく飲んだ」。そして、飲みながら語り続け、吹雪の露天風呂で騒ぎながら、「思い」が高まっていったことを思い返す。

以上のように、私たち外部の人間は一つの触媒的な役割を果たすことになる。いかに「現場」に受け入れられようとも、私たちは主役ではない。あくまでも、「現場」で暮らす人びとがコトを起こし、「現場」をさらに豊かなものにしていくのである。そのいくつかのキッカケの一つとして、私たちがいるにすぎない。大切なのは「会うたびに、飲み」、たえず動機づけを行い、さらに、距離を図りながら、彼らを激励し続けることであるように思う。

2 ファンを増やす方法

以上のような人生を送っていると、「研究」などはさほどの意味はなく、何かを変えようとしている人びとと共に歩むことの重大性が深く実感されてくる。私は現場の人びとよりも調査や分析にやや長けている部分があるにすぎない。したがって、私の「地域」との関わりは、分析的な側面から入って行くことになる。私の場合、巨大な問題に直面し、そこを切り開くために必死に力を注いでいる地元の人びとと出会ったりすると、ほぼ確実に血が騒ぎ、ついつい力が入ってしまう。私が「地域」という場合は、大半は「人の姿の見える地域」であり、ほぼ市町村の範囲を示しているのである。

そして、三〇年もこうした仕事をしていると、いろいろな範囲の支持者や、同志が増えていくことになる。まことに有り難いことである。ここでは、私のすぐ周りにいる通称「関軍団」などと言われている集団の仕組み、さらに、社会との関係の取り結び方などを紹介していくことにする。

†来るものは拒まず

私の所には、時々「弟子にして下さい」と時代錯誤的な言い方で近寄ってくる若者がいる。私は面食らい、実はもう慣れたが、「弟子はとらない。その辺にいなさい。同世代の人が何人もいるよ」といって放置しておく。私の扱っている領域は、「地域」と「産業」「企業」がクロスするあたりであり、従来は工学系の都市工学、あるいは社会工学などの部門で扱われてきた。また人文系では地理学や地域社会学も近い領域である。それぞれ、それなりの世界を作り上げている。

だが、不思議なことに、経済学、経営学の世界では、これまであまり取り扱われてこなかったように見える。私の場合も、初期には産業地理学の仕事をずいぶん参考にさせてもらった。ただし、地理学の世界は政策科学的な性格が乏しく、また、工学系の人は産業のことがわからず、地域開発といってもハードな施設を作ることに関心が傾斜しているように見えた。私の仕事はそうした世界に「産業」「企業」を持ち込み、具体的な「地域産業振興」「地域産業開発」の提案を行い、その実現まで付き合う所に特色があると自覚している。そして、そうした領域で仕事を重ねているうちに、工学系出身者、街づくりのコンサルタント、若い経営者や二世、地方公務員、銀行員などの「地域」をベースに仕事をしている若者が関心を寄せ、自然に集まるようになってきた。私としても、自分の弱点を補ってくれる若者が寄ってくることは大歓迎である。

当方の方針は「来るものは拒まず」であり、現在のメンバーは一〇〇人をはるかに超えているのではないか。正確な数は数えたことがない。また、集団といっても名簿もなく、特別に集まって日常的に「研究会」「会議」等を行うこともしない。何かの時に周りにいるのみである。ただし、私は何となく把握している。これまた先の地域の「現場」と同様であり、人によって時間の流れ方が違い、向いている方向も違う。とりあえず、全体を見渡し、それぞれのポジションを確認している。その程度のことはしている。

†「関軍団」の仕組み

先に紹介した私を中心にする『共編著』シリーズの発行は、私たちの集団の特徴を鮮明に示している。スタートした九〇年からしばらくは『年報』といい、年一冊ずつ刊行していた。その後、手慣れてきたことから九〇年代後半以降は年二冊程度は可能と判断している。「地域」と「産業」「企業」がクロスする世界へ、私たち集団のメッセージを贈り続けようというのである。地方の「現場」では、初めてお目にかかった方から「シリーズ全部揃えています」といわれ、感謝、感激することもある。

私はこの『共編著』で手がけるべき領域に関し、十数件ほどのテーマを常にイメージしている。そして、それぞれの成熟度、必要性を考慮し、全体の構成を考え、私との共編者を決め、メンバーを割り付け、ほぼ一年後の締め切りを指示する。現地調査は各人に自主的にやってもらうが、特定地域、例えば、燕や岡谷などの手慣れた地域を対象とする場合は、一〜二度共同調査の機会を用意し、メンバーに声をかける。調査が目的というよりも、「飲むために、会う」ようなものである。招集されたメンバーはプロジェクトの全体を眺め、一瞬にして自分の役割を理解する。また、一般的なテーマの場合は研究会を開いたことはない。全体の構成を眺め、自分の役割を自覚してもらう。私自身も、メンバー各人がその程度の判断ができるようには、普段、目配りをしている。そうしたことが飲み込めないような人は、もともと寄って来ない。特別な説明は要らないのである。

この『共編著』シリーズは、私のサポート役として、東京都商工指導所以来の私の後輩である加藤秀雄氏（福井県立大学教授）が、長年、付いてくれ、見事に事務的な処理をしてくれる。また、出版をお願いしている新評論の二瓶一郎氏は、私たちが持ち込めば、何もいわずに引き受けてくれるのである。なお、本の出し方は後に述べる。

この『共編著』シリーズは、私たちの集団の一つの象徴であり、集まってきた若者たちのそれぞれの「出会いの場」でもある。むしろ、私はこの『共編著』への招集を通じて、世代の近そうなメンバーをわざとぶつけ、ライバル意識を高めるための仕掛けとしている。十数年もやっていると、実に仲の良いライバルがあちこちに生まれている。

こうしたメンバーは私の大学のゼミの合宿等には常に五〜一〇人が自主的に参加してくる。相互に刺激しあい、また、現役の大学生にも良い影響を与えてくれる。そうした社会人を見慣れている私のゼミ生は、OBになっても、合宿には何人かが参加してくる。二〇〇一年夏の中国無錫の総勢四〇人のゼミ合宿は、社会人の参加は一一人であったが、うち三人は卒業生であった。また、私のゼミには学生、院生の居候が何人かいるが、この合宿には五人ほどが参加してきた。専修大学院生、横浜国立大学院生、東大法学部生、成城大学経済学部生、韓国人の自主研究生であった。他大学の学生が乗り込んでくることは強烈な刺激であり、ゼミ生もボヤボヤしていられない。こうして輪がどんどん拡がっていく。世代や経歴の異なる若者たちが集まると、当然に刺激的な環境になる。私は時々、何人かをピックアップし、飲みに連れ回し、ひたすら「志」を語っていればよいのである。

また、毎週月曜日の夕方に実施している私のゼミには、親しい若い経営者たちが「参加させてくれ」と言ってくる。彼らには、一人三万円を持参してくることを要請する。ゼミ終了後、「スポンサー付きのコンパだ」と始まり、深夜まで大騒ぎとなる。学生はいつもよりやや高級な料理にありつけ、若い社長たちも至極ご満悦であり、「またやろう」と盛り上がっていくのである。人のふんどしで相撲をとっているようで申し訳ないが、私は隅の方で二〜三人の学生をつかまえ、また「志」を語っていればよいのである。

†阪神大震災と「復興支援チーム」

なんとなく集団が形成されてきて十数年、集団の威力を痛切に感じたのは、一九九五年一月一七日に起こった「阪神・淡路大震災」の時であった。私自身は神戸市が先行的に行っていた「工場アパート」という四〜七階建の施設に以前から関心があり、八〇年代後半から長田周辺に出入りしていた。特に、震災直前の九四年一二月末、東京の霞が関の一室で、環境事業団、神戸市と会議を持ち、老朽化していた「工場アパート」の建て直しをどうするか検討していた。神戸市の長田周辺は大都市における工業再配置、立体型工場アパート建設では全国をリードしていた。会議では九五年三月に現地調査を行い、私が講演することまで決められた。その会議には、それより六〜七年前、私を長田の「現場」に案内してくれた神戸市役所工業課の三谷陽造氏（五〇年生まれ）がいた。彼はかつて私を案内した際、深い印象が残っていたらしく、私をメンバーに推薦してきたのであった。

だが、一月一七日、テレビに釘付けにされていく。長田が心配であり、どうしてよいかわからず、数日が過ぎていく。ようやく二月六日、三谷氏からFAXが入ってくる。産業関係の被災の状況が詳細に示されており、最後に「今は混乱が続いておりますが、鉄道等回復が進んだら、また、神戸の復興についてご意見をお聞かせ下さい」と記してあった。

このFAXを何度も読み返した私は、地域産業の仕事をさせてもらってきた身からすると、ここで神戸に協力し、何かをしなければ「地域の仕事」をしている意味がないことを痛感する。早速、神戸に向かい、三谷氏に「現場」を案内してもらう。長田を象徴するケミカルシューズ関連は惨憺たるものであり、焼け跡に残るプレス機械の残骸と、瓦礫を黙々と片づける中小企業の経営者の紅潮した横顔がひときわ印象に残るばかりであった。帰り際、三谷氏に「何か手伝えることがあったら、何でも付き合うから、言ってくれ」

大震災で倒壊した神戸市長田の工場アパート

と言い残し帰京した私に、数日後、三谷氏から「予算はないけど、長田とケミカルシューズの復興を手伝ってくれませんか」との電話が入る。「了解した」と答えながら、たいへんなことを引き受ける緊張感と同時に、地域産業問題を専門としている身として、身のほど知らずの責任さえ感じたのであった。

ただし、産業復興から街づくりまでを私一人で手伝えるわけもなく、チームで当たるべきことを痛感。まず、街づくりのコンサルタント事務所（バル街づくり研究所）をやっている古い友人の大塚幸雄氏（四八年生まれ）に電話すると、即座に「今頃のお前の電話じゃあ、そういうことだろう」と言うのであった。彼と相談し、彼の事務所に事務局を置き、若い友人たちを動員することを決め、次々に電話すると、「有り難うございます」などの返事が返ってきた。ほとんど涙が出た。これならできると大塚氏と二人で納得、「復興支援チーム」の態勢を整え、メンバー一一人で「現場」に入っていったのであった。

メンバーは私たちのほかには、吉田敬一氏（東洋大学教授、中小企業論、四九年生まれ）、小川正博氏（札幌大学教授、経営システム論、当時、東京都商工指導所勤務、四八年生まれ）、加藤秀雄氏（福井県立大学教授、地域産業論、当時、東京都商工指導所勤務、五〇年生まれ）、中分毅氏（日建設計勤務、建築、都市計画、五四年生まれ）、西澤正樹氏（パス研究所代表、地域産業振興、五六年生まれ）、前田圭一郎氏（日建設計勤務、建築、都市計画、五八年生まれ）、小林延秀氏（川崎市建設局、建築指導、五九年生まれ）、そして、事務局として、大塚氏の事務所の牧本達朗氏（バル街づくり研究所勤務、街づくり、六六年生まれ）、増津一郎氏（バル街づくり研究所勤務、街づくり、七〇年生まれ）であった。以後、数カ月、「現場」の声を聴き回り、六月の末には『ケミカルシューズ産業（新長田地区）復興基本計画――〃くつのまち・ながた〃復興プラン――』を提出した。通常なら一年仕事をわずか三カ月ほどでこなした。メンバーの集中力には、私自身もおおいに感動したものであった。

その後の「復興支援チーム」は、地元の復興のための活動を支援する側に回り、復興のための核施設である「シューズプラザ」、アンテナショップである東京青山の「ブランドプラザ」等の計画支援を続けてきた。すでに震災以来、七年を経過し、支援チームも解散しているが、個々には必要に応じて対応を続けている。

なお、この一連の流れは関・大塚共編『阪神復興と地域産業』（新評論、二〇〇一年）に取りまとめてある。この『共編著』は私たちと長田のケミカルシューズ産業との間の『中間報告』であり、「一生の付き合い」をしながら、復興の『最終報告』を書ける時の来ることを願っている。

3 対社会の関係を豊かにしておく

以上のように、「現場」を構成する人びととの関係を豊かにしていくことが、「フィールドを育てていく」ための最大の焦点となる。さらに、関係者のテンションを上げていくには、当方は外部の人間として活動していくべき重要なポイントがある。それは、対外的な条件づくりである。この対外的な関係の形成については、いくつかの「現場」どうしをぶつけていくことが非常に効果的であり、私もその手をよく使う。先に紹介した、隣接する北上市と花巻市をライバル関係に仕立て、エネルギーを高めさせるなどは初歩的なものであり、次のステップとしては、遠隔地の「現場」で進行度合いの近いところをぶつけ、刺激を与えていくことも非常に効果的である。その場合は、私は行司役として雰囲気づくりに精を出す。このあたりは複線で仕事をしていないと難しい。

以上のような側面は、ここまで述べてきた個別の「現場」との付き合いの延長にあるものとして位置づけておきたい。むしろ、この節では、マスコミとの付き合い、『書籍』の発行という、広報的な側面についてふれていきたい。

†マスコミを利用する

「現場」で汗して頑張っている人びとも、外部の私たちと付き合うことにより、テンションが上がっていくが、数年が経つと、やや疲れも見えてくる。そうした場合、マスコミで取り上げられたりすると、急に元気が回復し、積極的に次に向かっていくことが少なくない。私も、こうした仕事を始めたころは「臭い話」だと思って斜めに見ていたのだが、ある時、これは非常に重要なことだと強く認識した。

もう一〇年くらい前だと思うが、それは不況の時期であり、日本国中元気がなかった。そのころ、NHKテレビの日曜日の早朝番組に解説者として出演依頼を受けた。話題は「不況下でも、元気でガンバル中小企業」というものであり、墨田区の中小企業のネットワークを取り上げた。「現場」の映像に加え、墨田区の中小企業の若手経営者一〇人ほどにもスタジオに来てもらい、インタビューも入れるという構成であった。台本を渡され、リハーサルのころまではいかにも下町の連中らしく、冗談を飛ばしながら進んでいた。だが、本番になるとすっかり身体が硬直し、脂汗状態となった。よくあることである。

緊張の解けた収録後、また盛り上がったのだが、その時、緊張でしどろもどろであった一人の若手経営者が大声で「俺たちには光があたっている」と実にいい顔でエールを飛ばすと、「そうだ、そうだ」の大合唱になっていった。「なるほど、こういうことか」と納得し、マスコミを利用できる機会があるごとに、「現場」でガンバっている中小企業や市役所のキーマンを取り上げることにしている。

幸いなことに、私の所には、多様な新聞、雑誌、さらにはテレビ、ラジオ等から依頼が来る。依頼の中身はいろいろだが、私はなるべく「現場」に近い話で組み立てることにしている。さらにできるだけ具体的に、そしてガンバっている人びとを実名で登場させる。実名でとり上げると、その後、全国からの問い合わせも多く、彼のエネルギーは一段と上昇していくようである。これまで実名を出して、ご本人から怒られたことはない。ほとんど感謝されている。それは自分のやっていることに確信を抱く契機となっているのではないかと思う。「現場」で未踏の荒野を切り開こうとしている人びとは、孤独な立場にある場合が少なくなく、マスコミに取り上げられたり、また、全国からの支援のエールを受け取ることにより、自分の進む道に確信を抱いていくのであろう。そうした効果は極めて大きい。マスコミもできる限り、そうした方々を取り上げ、元気を与えてやって欲しい。

†連載の楽しみ

五〇歳になる前後から、幸いなことに、私も新聞、雑誌の連載や、ラジオ番組のレギュラーをいただいている。主なものは、『北海道新聞』の日曜版の経済論評の欄（一二〇〇字）を六週間に一回、月刊の『日経ベンチャー』誌に毎月である。『北海道新聞』は六週間ほどの間に経験したことで、特に、北海道の人びとに伝えておいた方が良いと思うテーマを自由に書かせてもらっている。もう、これは六年もやっている。また、『日経ベンチャー』は「関満博が見たモノづくり革新企業」というタイトルの連載であり、全国四七都道府県の中から毎月一社、私の好みで取材を行い、日本の中小製造業に「希望」が持てるようにと配慮して執筆している。これらに取り上げた中小企業経営者、また地域の「現場」のリーダーたちは、いっそうエネルギーを高めている。これは、もうすでに二年ほどやっており、ほぼ半分の県が終わった。残りの半分の県の興味深い中小企業経営者と巡り会うことは、私にとって一つの大きな楽しみになっている。

また、ラジオはＮＨＫ第一放送の「ビジネス展望」という朝六時四三分から一〇分ほどのものである。四週間に一度のローテーションで私に回ってくる。放送は自宅からの電話による生番組である。実は、すでに二年ほど担当しているが、当初の一年の約束が終わるころには消耗し、一年で辞退しようと考えていたのだが、NHKの友人から「いまどき、自分の意見を述べる場を月に一〇分でも公共放送で確保することは難しい。おそらくラジオ、テレビを通じてこの番組以外にない。大事にした方がよいのでは」とさとされ、継続することにした。この番組も四週間ほどの間に経験したことを軸に、「現場」の空気が伝わることを強く意識している。新聞、雑誌、ラジオ、テレビ等も、「現場」の様子を全国に伝え、また、「現場」で汗している人びとへのエールを発する場として位置づけ、利用させていただいているのである。

さらに、時々のテレビ出演も同様に考えている。特に、テレビ出演は限られた時間枠の中で、発言を一瞬にまとめていかざるをえず、私にとってたいへんに勉強になる。テレビの報道番組の場合は、三〇分ないし四五分の枠の中で、いくつかの「現場」の映像が用意され、ビデオ映像の間と最後に数分ずつ数回解説を入れるというパターンが一般的である。事前にリハーサルを入れることも多いのだが、どうしても本番になると、話に時間を取りすぎることが少なくない。その場合、「現場」のビデオ映像が流れている二〜三分の間にディレクターが飛んできて、次の解説で何十秒か縮めてくれといってくる。そして、この一瞬の状況の中で、次の話から数十秒分を落とさなければならない。全体を少しずつ削除するより、いくつかの話のどれかをバサッと落とした方が良い。この意思決定は実にスリルがある。そして、こうした経験が深まると、カメラの前でもものを考えられるようになり、また、最大の効果として、論文を書く際や講演の時でも、いらない部分を一気に削除する判断力も高まっていく。どのような場面も、勉強の機会になるということであろう。

†本の出版の現状

本を出版することは、特に研究者にとっては重要な仕事となる。理科系の研究者の最大の関心事は、学会等で論文発表したり、学位を取得することであり、出版にはそれほど関心がないようである。だが、人文系の研究者の場合は、学位はそれほど問題ではなく、むしろ『書籍』の形の業績に関心が集中する。また人文・社会系の研究者が書く『書籍』も大きく三つほどに分かれているように見える。私の分類では、一つは『教科書』、二つ目に『研究書』やこれまでにも触れた『同時代の証言』、三つ目は『啓蒙書』ないし『社会に対するメッセージ』などに分けられる。研究者によって関心の置き所は異なるが、「現場」重視の私自身は『同時代の証言』と『社会に対するメッセージ』を最重要としている。

出版の仕方としては、『教科書』、特に大学の『教科書』に関しては、それ専門の出版社があり、一定の市場が見通せれば、比較的容易に出版が可能になる。例えば、売り方にもよるが、一〇〇〇人の受講生が見込めれば、初年度七〇〇部、二年目四〇〇部、三年目以降、二〜三年は二〇〇部あたりが無理のない部数である。五年で二〇〇〇部程度であり、他大学の非常勤講師をいくつかやっていれば、その分上乗せされる。初版二〇〇〇部で、単価三〇〇〇円前後となろう。まず、このあたりが『教科書』発行のギリギリの線である。昨今の学生は学年末の試験直前まで『教科書』を買わない。試験の際、「持ち込み自由」といって、ようやく六〇〜七〇%の学生が買う。二年目以降は、先輩からの譲り受けが多く、生協の販売部数は劇的に低下していく。また、価格は三〇〇〇円では危なく、四〇〇〇円を超えるとまず売れない。

『研究書』や『同時代の証言』などは出版事情が非常に厳しい。『研究書』を出す出版社は非常に限られており、今後、消滅するのではないかと懸念される。現在の状況では、こうした出版物は図書館を含めて全国で最大五〇〇冊程度しか売れないのである。中小の専門出版社にすれば、一点あたりの事業規模は最低五〇〇万円くらいを必要とする。五〇〇冊の場合は、一冊あたりの単価が一万円ということになる。ページ数からすると、五〇〇〜七〇〇ページくらいないと、価格に見合わない。また、これだけの高額図書となると、売れるのは二五〇冊程度と、高価格、少部数の悪環境に陥りがちである。

実際には『研究書』『同時代の証言』は、二五〇〜三五〇ページ前後のものが多い。価格設定は三五〇〇〜五〇〇〇円くらいとなろう。事業規模を五〇〇万円とすると、単価三五〇〇円の場合は一五〇〇部、五〇〇〇円だと一〇〇〇部が最低ラインとなる。だが、せいぜい五〇〇部しか売れない。残りの一〇〇〇部、五〇〇部はどうしたらよいのか。高額な『研究書』を大学の教科書として採用することは難しい。学生からクレームがつくのである。そして、二五〇〜三五〇万円の事業費の回収が問題になってくる。それは著者を中心に売っていくしかない。あるいは、所属の大学や財団から「出版助成金」を獲得する方法もあろう。だが、自ら販売活動をすることは難しく、「出版助成金」は世間に潤沢にあるわけではなく、『研究書』『同時代の証言』を刊行したいと考えている研究者の多くは、その部分を自費で対応するか、断念するかの選択を迫られる。そして、給与生活をしている多くの研究者に二〇〇〜三〇〇万円の自費をひねり出すことは難しく、諦めざるをえない。これが現状なのである。

†本は「書くもの」ではなく、「売るもの」

私自身は十数冊の『同時代の証言』を刊行している。また、先に紹介した『共編著』も一八冊を数えている。若い研究者からは「どうして、そんなに出せるのですか」「本はやはり読むものではなく、書くものですか」と皮肉まじりの質問を受けることも多い。その際、私は「本は『書く』ものではなく、『売る』ものです」と答えている。売り続けなければ、本は出せないのである。

出版社に原稿を持ち込み、「これは素晴らしい内容だから、お宅で出版してやる」と言う研究者がいるという。素晴らしい内容の『研究』を世に出すことは出版社の使命かとも思うが、霞を食って生きていくわけにもいくまい。ある程度、販売できなければ出版はできるわけがない。したがって、出版を過激に続けている私の場合は、「売る」ことを常に考えている。この本はどこに売るべきか、誰に買ってもらうか、である。そのためには、ファン、支援者を多く作る以外にない。いわば、日常の「現場」の活動が基本になるのである。特に、小さな専門出版社の場合は、広告も十分でなく、その本が出版されていることも一般の人には知られていない場合が少なくない。著者自らが販売の先頭に立っていく必要がある。

例えば、それぞれの領域の指導的立場にある人に見本を差し上げて、講演会などの時に販売してもらったり、社会人の研修の際のテキストに採用してもらう。こうした努力も必要となる。学生に押しつけたりすると、評判が悪くなり、ロクなことにならない。社会の細かな市場を丹念に掘り起こし、少しずつ実績を上げていくしかない。くどいようだが、「本は『書く』ものではなく、『売る』もの」なのである。

この点、私は現在、新評論という専門出版社と深い付き合いを続けている。最初に『研究書』らしきものをお願いしたのが新評論であり、一九八四年であった。知り合いに紹介してもらい、当時の社長・二瓶一郎氏のところに原稿を持ち込んだ。三五歳のころであった。新評論にお願いしたのには訳があった。私自身、一五歳から二二歳のころまでは落ちこぼれの人生であり、二二歳のころに初めて読んだ経済の専門書が人生を変えてくれた。その本は当時、横浜国立大学におられた宮崎義一教授の『戦後日本の経済機構』という本であった。「経済学とはずいぶんと力のあるものだ」と驚愕した。この本は新評論から出版されていた。その後、二五歳のころに社会の「現場」に出たが、そのころ、福島大学の下平尾勲教授の『経済成長と地場産業』という有田焼の研究書に出会った。これも不思議な縁だが、出版が新評論であった。奥付を見ると、下平尾教授は三五歳であった。この本にはまさに出会いを感じ、当時、二五歳の私は「一〇年後に、こうした本を新評論から出したい」と強く決意したのである。

そうした「思い」を伝え、原稿を手渡すと、二瓶氏は二週間後に私を呼び出し、「わかった、これだけのことを言おうとすると、このくらいのボリュームになる」と言ってくれた。仮に採用されてもボリュームを相当減らさねばと思っていた私を驚かせてくれたのであった。また、この時、二瓶氏からは「いまどき、三五歳くらいでこんな本は出せない。俺は出してやるが、君はこれから責任をもって仕事していかなくてはならない」と深く指導されたのであった。私は、この本は必死に売った。自分でも大量に買った。一冊六〇〇〇円、部数は八〇〇部であった。二年ほどで完売したことになっているが、実はいまでも、私の手元には一〇〇部ほどが残っているのである。

以来、二瓶氏との信頼関係が深まり、すでに三〇冊をお願いしている。二瓶氏は私が持ち込むと、「わかった」と言い、淡々と刊行してくれているのである。ただし、販売の責任を感じる私は、刊行部数、価格設定等は慎重に考えており、販売見通しをつけながら、ことを進めている。実は私の手帳には、各刊行物の在庫を三カ月おきに記入してあり、時々、それを眺めながら、隙間市場をイメージしていくのである。実際には、なかなか売れずに困っている書籍もあるが、ファンや支持者を豊かにすることによって、販路を拡大していくことは可能なのである。

†社会に対するメッセージ

以上の『研究書』『同時代の証言』に加え、『書籍』の刊行に関しては、私の場合は、もう一つ『社会に対するメッセージ』を重視している。もちろん、先の『同時代の証言』や『共編著』も、一部にそうした性格は意識しているのだが、自分のやってきたこと、社会に広く伝えねばならないことは、よりわかりやすい、安価な形で社会に提供していく責務もある。ただし、こうした場合は有力出版社を通じてことを進めていかざるをえない。そうした有力出版社の編集の方々の目にとまるかどうかが大きな課題となる。これはなかなか難しい。

私の場合は、現在、いくつかの有力出版社の編集の方々との付き合いがあるが、若いころには、そうした環境があるわけがない。特に、落ちこぼれからスタートし、「現場のたたき上げ」で来ている私には、有力な先生の紹介などという筋も無かった。だんだん経験を深めていくにしたがい、二年に本一冊分程度、社会に広く伝えたいものが蓄積されていく。それを吐き出す機会が欲しいという「思い」も強くなる。また、大手出版社の編集者の方々と付き合いを深めていってよくわかった点は、「社会に対するメッセージ」は、著者と編集者の共同作業であり、編集者は常に新たな書き手を探しているということであった。私もたまたま、そうしたリサーチに引っかかったということであろう。

彼らは、主要な雑誌を常にリサーチしており、また、キーマンからの情報を収集している。この網に引っかからないと、なかなか『社会に対するメッセージ』を出すチャンスはない。そのためには、『研究書』『同時代の証言』を出す一方で、雑誌論文を書くことなどを積極的に行っていくしかない。そうした実績が無ければ、全く目にとまらない。研究者の中には、商業誌への寄稿を馬鹿にしている向きもあるようだが、そうした方には『社会に対するメッセージ』を刊行するチャンスはなかなか訪れないであろう。もともと、そうした方には社会に対して語ろうとする気持ちがないのかもしれない。

さらに、先に『社会に対するメッセージ』は、著者と編集者の共同作業といったが、このことは非常に重要な要件となる。書くべきものは著者のサイドにあるのだろうが、何を書くべきか、どう書くべきかは編集者のサイドにノウハウがある。この両者の呼吸が一致する所で、初めて書ける環境になる。編集者は私の最初の読み手であり、一番詳細な読み手でもある。こうしたことが理解されてくると、彼、彼女にどう読ませるかがポイントになってくる。先にどのように書くかなどを紹介したが、まさにそうした技術が駆使され、やり取りを続けながら、その共同作業を進めていくのである。当然、先に見たように、早くやる、対話するように書く、ラブレターのように書くことは基本となろう。

そして、こうしたことが重なると、編集者は常にこちらを注目し、実にタイミング良く、適当な時期に、次の『社会に対するメッセージ』をやろうと持ちかけてくるのである。編集者との共同作業を深く意識することも、「フィールドを育てる」ための非常に重要な局面なのである。「フィールドを育てる」ということは、単に調査対象の「現場」を育てるだけではなく、キーマンの育成、メンバーや同志の育成、マスコミとの豊かな関係、さらに出版関連の編集者との共同作業など、実に多くの範囲での目配りを含むものになる。そして、こうした幅広い関係も、毎年、確実に一つずつ年輪を重ねていく。それはお互いが経験を重ねることであり、共に「育って」いくことを意味しているのである。

結「志」は現場で育つ

日本の中小企業の駆け込み寺と呼ばれる、中国・深圳テクノセンターの石井次郎氏(右)と星井清氏(左)。学生インターンの受け入れも行っている。

「現場」は常に最先端であり、そこには新たな「発見」がある。そうしたことは、だんだん世の中にも理解されつつあり、この十数年、「現場」への関心を抱く方も増えてきた。研究者の世界にも「現場」に踏み込み、積極的な発言をされる方も多くなってきた。また、地域の自治体の若手職員や中小企業経営者などの「現場」のサイドでも、自分たちの「やるべきこと」を明確に理解し、一歩踏み込んだ取り組みをみせる方々が増えてきた。二一世紀は「現場主義者」の時代になるのではないかとおおいに期待している。

明らかに、これまでの日本では「欧米モデル」が目の前にあり、どう追いついていくのかが焦点とされ、自分自身の国や地域の問題を「現場」から発想していこうとする取り組みに欠けていた。だが、「失われた一〇年」とされる前世紀末の苦しみの中で、自分たちのことは自分たちでという雰囲気が次第に形成されつつある。その場合、指針にすべき先行的な事例は世界に見当たらず、私たち自身が「現場」との格闘の中から、次の時代のありうべき姿を見つけ出していかなくてはならない。ようやく、私たち自身の「創造性」が問われる時代に踏み込んできた。このことを幸いと思い、自ら「現場」に深く身を置くことにより、新たな地平を切り開いていかなくてはならない。

「現場主義者」にとって一番重要なことは、「現場」への「思い」をいかに深められるかということである。本書の最後となるこの章では、アジアと日本のあちこちにフツフツと生じてきているいくつかの動きに注目し、「現場」に対して「思い」を深めることの意味を探っていくことにしたい。

†石井次郎氏と星井清氏――深圳テクノセンターのこと

昨今、中国華南地域が「世界の工場」とされ、華々しくスポットライトが当てられている。そこには、パソコン、プリンター、コピー機などの世界最大の生産地が形成されている。全体的な雰囲気としては、台湾企業の存在感が大きく、日本勢はそれほど目立たない。だが、このエリアでも、序で簡単にふれたように、日本の人たちによって支えられている「深圳テクノセンター」が重要な役割を演じている。

このテクノセンターの事実上のリーダーは香港宮川有限公司社長の石井次郎氏（一九三九年生まれ）である。石井氏は若いころに小田実の『何でも見てやろう』（河出書房、一九六一年）に触発され、六五年、二五歳の時に横浜港から単身でヨーロッパに渡る。その後の石井氏の足跡は、佐藤正明『望郷と訣別を』（文藝春秋、一九九七年）に詳細に記されているので、多くはふれない。デンマークを拠点に苦労を重ねたが、この間、上司は全てユダヤ人であったと石井氏は述懐する。この若い時代のヨーロッパ経験が、その後の石井氏の行動規範になっているように見える。その後、一時日本に帰り、さらに七九年以来、香港をベースに多方面にわたる活動を重ねている。

九二年にスタートした深圳テクノセンターは、日本の中小企業の駆け込み寺、あるいは中小企業の中国進出のためのインキュベータ（孵卵器）ともいわれているが、石井氏の強力なリーダーシップによる所が少なくない。私は何度もテクノセンターで石井氏と行動を共にしているが、その「情熱と行動力」には脱帽気味である。二一世紀初頭の日本を代表する人物の一人ではないかと、常々尊敬している。

このテクノセンターでは二〇人ほどの現地のスタッフが入居企業のサポートに従事しているが、その中に二人の日本人が常駐している。星井清氏（二八年生まれ）、神谷誠一氏（三五年生まれ）である。星井氏は一八歳まで中国ハルビンですごし、ハルビン工業大学入学後、即終戦を迎え、その後、横浜工業専門学校（現・横浜国立大学）に入り直している。大学卒業後は藤倉電線に入社、七九年からはシンガポール支社長として一二年間をすごす。さらに、六三歳から四年間は藤倉の中国珠海工場の立ち上げに関わった。企業人としての一六年間を海外ですごしたことになる。九七年には引退し、東京の自宅に引き籠もっていたが、「このままでは、自分は駄目になる」との思いが強まったころ、石井氏に要請され、カバン一つで深圳テクノセンターにやってきた。九八年九月からテクノセンターの最上階の宿舎に住み、センターの「重石」として関係者の信頼を集めている。また、神谷氏は住友商事を退職した後、二〇〇〇年八月からテクノセンターのメンバーに加わっている。

石井氏の「行動と情熱」に対し、星井氏は実に落ち着いた「味わい深い」先輩であり、私に同行する若い研究者や二世経営者の間からは、「いい味が出てる。あんなふうに歳を重ねたいもんだ」との声がいつも聞こえてくる。石井氏の最近の関心の一つは「テクノセンターを社会的に認知させるためにも、数年中に香港での株式上場まで持っていきたい」という積極的なものだが、星井氏からは「先生からも石井さんに助言して欲しい。上場すると無関係な人が入ってくる。当初の理念を忘れてはいけない」と言われている。

深圳あたりは、かつては日本から見ると「辺境の地」であった。最近では様子も変わり、世界の最前線となっている。その「現場」では、深い「思い」を抱き、重要な仕事をされている先輩たちが、「熱く」あるいは「静かに」日本を見つめているのであった。

†長井のマイスター塾

人口約三万三〇〇〇人の山形県長井市は、私の重要な「現場」の一つである。あるコンデンサーメーカーの企業城下町として歩んできた。だが、電子部品の多くはアジア移管の様相を見せ始める。そのころから、地域の自立、地域産業の振興の重要性が関係者に深く認識されていく。長井の将来の可能性を見ると、素晴らしい環境、歴史に育まれた文化が再認識され、「人材」こそ、地域の財産であることが痛感された。私が長井の「現場」に入り始めた九五〜九六年ごろから、「モノづくり人材」を養成する工業高校の重要性が理解され、廃校の対象になっていた長井工業高校の統廃合反対運動が組織され、学校継続、校舎改築を勝ち取った。この経験から、長井はさらに次のステージに向かっていく。

九八年からは、労働省（現・厚生労働省）の「地域人材育成総合プロジェクト事業」に取り組み、地元企業による「NAGAI次世代マイスター育成協議会」を結成する。そして、創造性に富んだ人材の育成を目指し、九八年一〇月、二年コースの「次世代マイスター塾」をスタートさせた。会員企業の若手社員が十数人、月に一回、終日会社を離れ、塾で研鑽を積んでいった。

一期生は二〇〇〇年一〇月に修了したが、続けたいとの意見が出て、二〇〇一年一月、卒業生が自主的に新たに「マイスタークラブ」を結成した。長井の応援団長を自認する私は、彼らと意見交換をするが、地域の「現場」に新たなうねりが起こりつつあることを痛感させられている。クラブのメンバーからは「会社に言われて出たが、そのうちだんだん楽しくなってきた」「企業だけでなく、地域を見ていきたい」「メンバーの年齢差は二〇歳もあるが、学生の時よりも充実している」「会社よりも面白い」などの声が聞こえてくる。

私が行司役となり、派遣している事業主とクラブ員の合同の会議をもったが、先のクラブ員の自由な発言を聞いていた社長たちからは苦情は出ず、むしろ「塾の理念には惚れ込んでいる」「塾生の成長を応援していきたい」「仮に、会社を辞めることがあっても、地域にあてにされる人材になって欲しい」との声が聞こえた。時代が大きく変わってきているのであろう。地域と企業の「現場」では、新たな価値を求めようとするうねりが生じているのである。

†即座に秋田まで謝りに行ったゼミ生

Ⅲ章ですでに見たように、私のゼミの合宿は、毎年交互に国内と海外で実施している。二〇〇〇年の夏は国内の番であり、私の主要な「現場」の一つである秋田県本荘由利地域を合宿の地と定めた。本荘由利地域はフェライトコアで著名なＴＤＫによる企業城下町を編成している。ご多分にもれず、電子部品関連業界のアジア、中国移管はすさまじく、地元の中小企業は大きな構造変革を余儀なくされていた。ゼミ生は二一人であったが、参加メンバーは私を含めて三四人、全体を二班に分け、連日、地元の中小企業回りを重ねていった。

一〇月には各人の好みの『中間報告』を書かせ、その後、例年のように『最終報告書』を全員で分担して作成していった。二〇〇一年の二月には印刷ができ上がり、ゼミ生に配付すると同時に、本荘市役所に約一〇〇部を送り、お世話になった企業への配付を依頼した。とりあえず、これでほぼ一件落着のはずであった。

数日後の昼過ぎ、本荘市役所から私に電話が入ってくる。ある企業の社長が午前中に青い顔をしてやって来た。『最終報告書』に記載されているある部分がまずいというのである。その部分を見ると、学生の質問に対する社長の談話が詳細に示されてあった。特に問題になったのは、TDKに対する社長の論評であった。「こんな形で掲載されるとは思いもよらなかった」との苦情であった。その後、この『最終報告書』は回収され、その部分を削除して再発行となるのだが、その時点で、市役所の担当者は、私に「社長宛にすぐに電話をして欲しい」と言うのであった。

事実確認は別にして、それは申し訳ないことになったと判断し、早速、社長に電話を入れた。社長はやや気を取り直していたが、心理的な打撃の大きさが伝わってきた。私も、実に申し訳のないことをしたと深く反省している。学生の前で元気に発言していても、企業城下町という構図の中では、微妙な点が非常に多いのである。

すると、翌日の同じころ、再び本荘市役所から電話が入ってきた。さらに問題が残っているのかとやや憂鬱な気分で電話をとったが、事態は全く別の方向に展開していた。問題の原稿を執筆したゼミ生が早朝に会社に謝罪に来たというのである。前日の昼過ぎに私に電話をすると同時に、市役所では執筆したゼミ生にもことの次第を連絡していた。彼は、即座に反応し、早速荷物をまとめて秋田新幹線に乗り、夜に秋田駅まで着いた。そして、翌日、直ぐに本荘市に向かい、会社が始まる前に門に立っていた。社長は「いまどき、これだけの判断力と行動力のある若者がいるのか」と驚愕したというのである。謝罪してもどうなることでもないが、私を含めて頭を抱えていた関係者にとっての一服の清涼剤となったのであった。

†インターンで目覚める若者たち

昨今、大学生のインターンが注目を集めている。社会や企業の「現場」を知らない大学生に一定期間、実習をやらせてみようというのである。それは、学生の社会勉強であると同時に、企業側からすると、意欲のある学生の囲い込み、青田刈りの意味も含まれているようである。また、こうしたインターンの場合には、制度として成り立たせようとする大学側の意向として、単位を与えることなどが模索されているように見える。だが、単位を与えるなどのインセンティブを用意することが良いのか、体のいいアルバイトや、青田刈りの場として機能するのではないか等、「制度」として機能させるには、まだ今後、議論していかねばならない点が多い。

私のゼミの場合は、九七年からインターンを試行錯誤しながら実施している。第一号は、専修大学時代に実施してみた。私の友人であるタカネ電機（神奈川県川崎市）の簑原利憲社長に一人の学生を頼み、一年間、彼の側に付いて勉強させてもらうという方式をとった。全体としては、月に数回カバン持ちとして歩いたようだが、たまたまその企業が中国広東省に工場を出していることもあり、夏期休暇中、彼は二週間ほど現地の工場で若い女性従業員と同じ環境で働く機会を得た。

この学生は大学進学後、意欲を失い留年して私のゼミに入ってきたのだが、このインターンの経験から大きく目覚めていった。長野県のある村の家業を嫌っていたのだが、就職活動の時期になると「家を継ぎます」と言ってきた。ゼミで多くの「現場」をのぞき、さらにインターンで中国の過酷な「現場」を経験し、「中国の『現場』の『熱気』は凄い。うちの田舎はどうなっているのだ。家業を継ぎ、将来は村長にでもなり、『地域』を良くするためにガンバリます」と語るのであった。

この学生の進化ぶりを見て、アジアの「熱気」のある場所に数週間放り込むことの方が、大学で四年間も座学をさせているよりもはるかに効果的との印象を深めた。その後、いくつかの実験を重ね、もう少し系統的に実施できないかと模索していたころ、それは二〇〇〇年の九月のことであったが、非常に興味深いケースに巡り会った。当時、私は「世界の工場」中国華南地域の「現場」調査を重ねており、その一環として先の深圳テクノセンターを訪れた。石井氏、星井氏と情報交換を進めるうちに、センターに慶応義塾大学商学部の学生がインターンとして一〇人ほど滞在していることを知る。

石井氏に尋ねると、数年前から大学生のインターンを系統的に受け入れているとのことであった。期間は二〜三週間。香港までの往復格安チケット（三万円ほど）を購入させ、香港に入ってから出国まで、食事、宿泊は全てセンターが面倒をみるというのである。内陸から出稼ぎに来ている若い女性たちと同様の食事、宿泊条件である。滞在中のメニューは個々の学生と調整するようだが、センターの仕事を手伝い、また、若い女性たちと同じラインに入り組立作業に従事していた。

私の一週間ほどの滞在の間でも、学生たちは日に日に背筋が伸びていったように見えた。滞在期間の後半になると、長野県出身で一人っ子というある四年生は「内定を取り消します」と言い始めた。彼は長野県の最有力な地方銀行に就職が内定していたのである。「長野出身の一人っ子で、そこを蹴ったりすると、親が泣くぞ」という私の忠告に対して、その学生は「僕は世の中のことを何も知らなかった。ここで初めていろいろなことを知りました。この状況では、まだ社会に出られません。一年留年して、考えさせてもらいます」と語るのであった。

このテクノセンターのインターンは、企業と学生が少し知り合うなどのレベルではなく、「生きるとは何か、働くとは何か」を深く考えさせるものであり、人生の基本を学ぶものである。石井氏からの私信では「人材育成は使命と考えており、特別力を注ぐ仕事になります。……人生に閉塞感、無気力、方向性を失った学生等の受け入れを積極的に致します」「深圳テクノセンターはいつでも、誰に対しても開かれています」と記されてあった。

このようなあり方を「志」というのではないかと思う。そして、その「志」にふれ、中国華南の過酷な「現場」を経験した若者たちは、背筋を伸ばして「新たな世界」に飛び込んでいくのである。テクノセンターの「現場」を預かる星井氏は、緊張し、背筋を伸ばし始める学生たちを温かい目で眺めながら、「この子たちが、次の日本を作る」と呟いているのであった。それが「現場」で「思い」を深めるということなのであろう。

このように、深圳テクノセンターの面々、そこに集う学生たち、また先の長井のマイスタークラブの若者たち、さらに即座に秋田に向かったゼミ生など、個々には「現場」のわずかな動きだが、そこには時代に積極的に参加し、新たなうねりを作り出そうとする「思い」が横たわっているように見える。私たちは、そうしたことに深い関心を寄せ、「現場」に対して真摯に対応していかなければならないのである。

あとがき

ＩＴ（情報技術）の進歩により、仕事のやり方や調査研究のスタイルも大きく変わってきたように見える。ホームページをのぞいて、基礎的な資料を収集し、また、でき合いの統計資料もパソコンで見事に処理する若い研究者も増えている。論文の書き方の『お作法』などの手引き書まで流通している。誰が書いても代わり映えのしない論文が増えてきた。何よりも対象に対する「熱い思い」が感じられなくなってきたのではないかと思う。「思い」など社会科学には不必要、冷静、客観的に、などの言い方もあるが、いかがなものか。対象への「愛情」が深まり、交流を深め、「思い」を共有することが出発点なのではないかと思う。資料収集に苦労し、手計算で統計数字をいじることに苦労し、ようやく目に見えてくるものも少なくない。便利さと苦労、これは永遠の課題かもしれないが、苦労によって深まっていく「思い」は、調査研究の基本というべきであろう。「思い」のない研究は、全く意味がないのかもしれない。

本書は、「現場主義」に立ってコトを進めていく際の一つのあり方を、私のささやかな経験から述べたものである。企画の当初は若手研究者や大学院生など向けの「知的生産法」に焦点を絞り、もう少しノウハウに特化したものを考えていた。だが、具体的な執筆に入るに従い、やや範囲を広げ、「現場」に関わる全ての人びとへのメッセージを強く意識するようになり、ほぼそのあたりに着地できたのではないかと思っている。「現場」は「発見の場」であり、「思い」を共有しながら、そこに一歩踏み込むことはなかなか素敵な人生ではないかと思う。「調査」といって上澄みをすくい、サヨナラではなく、自らの「一生もの」として「現場」とじっくり付き合い、「現場」を変えることに参加し続けることが必要なのではないか。本書を通じて言いたいことは、ほぼそれにつきる。

本書の一部で「整理なんかしない」「整理なんかするから、仕事ができない」などと叫んでいるが、別に「整理」を完全に否定しているわけではない。「整理」のための「整理」はやめた方がよい、といっているにすぎない。本文でも述べているように、私自身、三五歳くらいまではカードシステムに終始する「整理小僧」であった。むしろ、一〇年間ほどのカードシステムの採用により、整理の基本が身についた部分もある。だから、よけいに「整理」を拒否したくなる気持ちにもなる。だが、本文をお読みになっていただいて、おわかりかもしれないが、「手荷物をギリギリまで少なくする」「とにかく捨ててくる」「ノートとフィルムを大切に」「手帳を穴のあくほど見続ける」「原稿は締め切りまで持ち越さない」『共編著』を作り続ける」「融通無碍な関軍団の仕組み」などは、明らかに、ある「整理」の概念なのである。「整理」らしきものを拒否し、ギリギリ身につけた「整理学」なのかもしれない。

このギリギリの「整理学」に関連して、本文中には取り上げなかったが、名刺や写真の取り扱い、さらに手紙に対する返事について、若干ふれておきたい。

先に見たように、私の名刺の使用量は年間二〇〇〇枚は下らない。当然、それとほぼ同じ数の名刺をいただくことになる。年間、二〇〇〇〜三〇〇〇枚のころは、名刺ファイルに分野別に分けて「整理」していたが、とても無理な状況になってきた。たいへん失礼な扱いだが、もう破棄するしかない。まとまった「現場」調査の際にいただいた名刺は、資料の一つであり、輪ゴムでくくって保存してある。これはノートと同じ扱いである。その他の名刺は日付を書いただけで、無造作に不安定な形で積んである。必要な際には例の手帳から呼び出すことができる。ただし、二〇センチほどの高さになると、それは約一〇〇〇枚ほどだが、何かの拍子に崩れてしまう。あわてて拾い上げながら、記憶に残っていない方の名刺はそこで破棄する。三分の一くらいには減少させる。さらに、拾い上げながら、特別の関係になりつつある方の名刺だけはファイルに入れる。崩れることを、一つのキッカケにしているのである。実際、「会って、飲んだ」方でないと、ほとんど記憶に残らない。

さらに、ファイルを眺め、相当数を抜いて、破棄する。ファイルの収容力は五〇〇枚程度の範囲であり、それ以上は無理のようである。あまり几帳面に考えると、仕事ができない。

一方、写真については、写真屋の袋に入れたままだと、確実にゴミになってしまう。不精ゆえ、これまで相当数をゴミにしてしまった。どこで、いつ撮ったか不明の写真の袋がホコリをかぶっている。この点の危機感は強く、現在では、かなり厚めの写真用のファイル（二四〇枚収容）にとにかく順番通り入れることにしている。それでもかなり取りこぼしがあり、ゴミになっているものも少なくない。順番通りに入ってさえいれば、手帳の記述から探し出すことは可能になる。なお、雑誌原稿用に写真を貸し出すこともあるが、なかなか返ってこないことも実は悩みの種である。どこに貸したのかもわからなくなる。まあ、いいか、となる。貸し出した写真は良く写っているものだが、改めて焼き増しすることもなく、この先、一生会えないのである。そんなことにこだわっていたら、仕事はできない。使うべきエネルギーは別の所に向けねばならない。

また、手紙に対する返事、特に『論文』や『書籍』を送っていただいた場合は、受け取ったその日に絵葉書で礼状を出すようにしている。私自身、若かったころ、先生方に『論文』を一〇〇部ほど送っても、返事は一〇通ほどしかもらえなかった。いただいた返事はたいへん嬉しかった。特に、一番最初にポストに入っていた葉書は宝物のように思えた。

立場がやや逆になってきた現在、とにかく、その日のうちに返事を出すようにしている。私の返事が一番早く着くであろう。いただいた『論文』をじっくり読んでから返事をと考えると、結局、出すチャンスを失うことが少なくない。返事を出すべき所には、その日のうちに対応することがなによりなのである。

以上のように、ギリギリの所での「整理」は行っているのだろうが、私の場合は、気分的にはそこにエネルギーを投入する気は全くない。むしろ、意識的に「整理」を拒否している。そして、このままでは散逸するか、腐らせてしまうという危機感から、必死に書いていくことになる。また、本文でもしばしば主張したように、『書籍』の形にすることはかなり重要なことだが、「現場」は永遠なのであり、「一生もの」の付き合いの中で意味づけをしていく必要がある。『報告』や『書籍』は「現場」に対する「思い」を語るラブレターなのであり、また、社会に対するメッセージなのである。

ぜひ、読者の皆様もご自分の「現場」の中で、独自の「やり方」を探り、さらに一歩踏み込みながら、「現場」を豊かなものにしていって欲しいと思う。それが次の時代に「希望」と「勇気」を与えることになる。本書がそうしたことを考えていく際の一つのキッカケになればこれにすぎる喜びはない。人生は有限だが、「現場」は形を変えながらいつまでも続いていく。だからこそ、次の世代のために「現場」を希望に満ちたものにしていかなくてはならないのだと思う。

なお、本書については、筑摩書房の福田恭子さんから二〇〇一年の春にお話をいただいた。福田さんには、かつて一九九七年に刊行した『空洞化を超えて』(日本経済新聞社)のお世話をしてもらった。その際、〃社会に対するメッセージ〃を書くことは、著者と編集者の共同作業であることを痛感させられた。その後、筑摩書房に移籍されてしばらく経つが、実に適当な時期に私の目の前に現れ、対話の中から新たなイメージを膨らませていただいた。ここ数年、私の所には「どのようなやり方をしているのか」との問い合わせも多く、そろそろ社会的に応えておく必要があると感じていた矢先でもあった。

こうしたややエッセー風のものを書いた経験もなかったが、「私に話した通りに書いて下さい」と言われ、方向が見え、リズムもつかめた。そうした意味では、本書も私と福田さんとの共同作業といえそうである。改めて、深く感謝を申し上げたい。

また、本書には私の大事な友人たちがたくさん実名で登場している。普段の付き合いの中では、なかなか真面目にいえないことも書いてしまった。実は、こんなふうに思っていたのである。また、「会うたびに、飲み」ながら、エネルギーを高め、「現場」を共有できればと願っている。

最後になるが、岩手県北上市の「現場」をリードしてきた市役所の石川洋一氏が、本書を構想していた二〇〇一年八月一八日に永眠された。享年五七歳であった。「現場」の見事なキーマンであり、私の大切な同志でもあった。七月には二度も会い、お互いにエールを交換したところであった。残念でならない。ご冥福をお祈り申し上げます。これからは、残された私たちが、石川氏が「愛した」北上の「現場」を深く見守っていきたいと思う。

本書を故石川洋一氏の霊前に捧げさせていただければ幸いである。

二〇〇二年三月三一日

関　満博

ちくま新書

340

現場主義の知的生産法

二〇〇二年四月二〇日　第一刷発行
二〇〇二年六月三〇日　第三刷発行

著　者　関　満博（せき・みつひろ）

発行者　菊池明郎
発行所　株式会社筑摩書房
東京都台東区蔵前二-五-三　郵便番号一一一-八七五五
振替〇〇一六〇-八-四一二三
装幀者　間村俊一
印刷・製本　株式会社精興社
ちくま新書の定価はカバーに表示してあります。
ご注文・お問い合わせ、落丁本・乱丁本の交換は左記宛へ。
さいたま市櫛引町二-六〇四　筑摩書房サービスセンター
郵便番号三三一-八五〇七
電話〇四八-六五一-〇〇五三

ISBN4-480-05940-7 C0234

ちくま新書

048 地域経済と中小企業　関満博
日本の中小企業は、超高齢社会・成熟社会へ向けてどう変わっていくのか。模索を始めた現場の姿を通して、大都市と工業、地域と中小企業との新たな関係を考える。

214 セーフティーネットの政治経済学　金子勝
リストラもペイオフも日本経済の傷を深くする。「自己責任」路線の矛盾を明らかにし、将来不安によるデフレから脱するための〝信頼の経済学〟を提唱する。

288 外国人労働者新時代　井口泰
本格的な少子・高齢化時代を迎え、外国人労働者や移民の受け入れが議論を呼んでいる。聞き取り調査や諸外国の経験を踏まえ「人材の集まる国」への処方箋を説く。

300 勇気の出る経営学　米倉誠一郎
グローバル・スタンダード、IT等、二十一世紀を迎え日本企業が対応すべき問題が山積している。経営史とイノベーションの視点から明快な方向性を提示する。

336 高校生のための経済学入門　小塩隆士
日本の高校では経済学をきちんと教えていないようだ。本書では、実践の場面で生かせる経済学の考え方をわかりやすく解説する。お父さんにもピッタリの再入門書。

122 論文・レポートのまとめ方　古郡廷治
論文・レポートのまとめ方にはこんなコツがある！　用字、用語、文章構成から図表の使い方まで実例を挙げながら丁寧に秘訣を伝授。初歩から学べる実用的な一冊。

333 独学の技術　東郷雄二
勉強には技術がある。できる人の方法に学ぼう。目標や意欲だけが空回りしがちな独学のビジネスマンや社会人に、遠回りのようで有効な方法と手順を具体的に指南。